如何构建韧性城市
——复杂科学视角下的韧性城市与规划

How to Build a Resilient City

——Resilient City and Planning from the Perspective of Complex Science

陈志端　陈　鸿　著

中国建筑工业出版社

图书在版编目（CIP）数据

如何构建韧性城市：复杂科学视角下的韧性城市与规划 = How to Build a Resilient City ——Resilient City and Planning from the Perspective of Complex Science / 陈志端，陈鸿著. — 北京：中国建筑工业出版社，2022.3（2024.4重印）
ISBN 978-7-112-27021-7

Ⅰ.①如… Ⅱ.①陈…②陈… Ⅲ.①城市建设—研究 Ⅳ.①F290

中国版本图书馆CIP数据核字（2021）第270078号

　　本书以复杂科学研究为背景，运用复杂适应系统（CAS）理论分析韧性城市系统应对扰动的机制，从而建构韧性城市理论与方法体系，试图解答以下问题：如何认知韧性城市系统？如何评价其韧健水平？如何提升其韧性？同时对在此韧健观下的城市发展理念和规划方法进行探讨，旨在为城市转型发展提供理论指导。

　　本书可供在城市复杂科学、空间规划、综合防灾以及安全韧性等方面感兴趣的相关科研人员参考，也可供城市规划、建设和管理方面的有关工作人员阅读。

责任编辑：曹丹丹　张　磊
版式设计：锋尚设计
责任校对：李欣慰

如何构建韧性城市——复杂科学视角下的韧性城市与规划

How to Build a Resilient City——Resilient City and Planning from the Perspective of Complex Science

陈志端　陈　鸿　著

*
中国建筑工业出版社出版、发行（北京海淀三里河路9号）
各地新华书店、建筑书店经销
北京锋尚制版有限公司制版
建工社（河北）印刷有限公司印刷
*
开本：787毫米×1092毫米　1/16　印张：11¼　字数：182千字
2023年2月第一版　　2024年4月第二次印刷
定价：60.00元
ISBN 978-7-112-27021-7
　（38816）

序

作者关于"韧性城市"的研究起始于2011年，彼时Resilience的概念刚在西方学术界兴起，国内对它的认识大多还局限在防灾抗震领域。这些年随着现代城市面临的问题越来越多，气候变化、环境危机、极端气候、全球经济动荡、新科技革命等带来的不确定性呈爆炸性增加，影响了以人为本的新型城镇化，倒逼城市发展转型。这一系列变化也给城市规划管理、城市技术实施带来巨大冲击，传统的经验估算和预案设计已经失灵，建设"韧性城市"是应对愈加复杂的黑天鹅式风险的必然选择。以韧性城市为工具，城市规划和城市设计将会更加科学、更符合绿色发展、更符合未来城市规划以及以人为本的发展需求。

席卷全球的新型冠状病毒使得"韧性"成为整个城市发展与研究领域的热词，在社会、经济、空间、环境等多领域得以应用。但多数应用只基于概念与理念，没有更深层次的理论支撑。这本论著以"复杂适应系统（CAS）理论"为逻辑本底，从城市作为典型复杂系统的属性出发，运用CAS系统的基本特征分析韧性城市系统应对扰动的机制，从而建构韧性城市理论模型和框架体系。现代城市的绿色宜居、经济活力和城市安全这三者在韧性城市框架内得到了有史以来的首次大统一，这在韧性城市研究领域具有理论层面的重大意义。

同时，作者基于韧性理论的研究，又对当前的城市发展理念和规划方法进行了探讨，旨在提高城市规划应对不确定扰动的能力，为当前的城市转型发展提供理论指导，也为转型期的城市规划创新提供新的理念和方法借鉴，是城乡规划学、城市生态学、城市系统学等学科交叉的优秀研究成果。尤其在当下全球政治、经济、环境格局风云变化的时期，运用韧性思维理解与分析城市发展更具有现实意义。

国务院　参事

国际欧亚科学院　院士

中国城市科学研究会　理事长

住房和城乡建设部　原副部长

前　言

　　城市作为一个复杂的系统，在变得越来越强大的同时，也越来越脆弱，越来越多的、不确定的"灰犀牛"和"黑天鹅"事件干扰着城市的发展，正面的机遇如技术革新、制度革新等，负面的挑战如全球气候变化、灾害频繁、能源危机等。如何在重重挑战与危机中保存自己并且保持发展活力，是城市亟待解决的问题。尤其是突如其来的新冠肺炎疫情席卷全球，打乱了全人类的生活节奏，病毒的传染性极强，对城市系统的"韧性与健康"提出重大考验。如何构建韧性健康的城市？本书作者从复杂适应系统（CAS）的视角提出了"韧性城市系统理论"，或许会为面临各种不确定的扰动的城市空间治理与社会管理提出一些新的思路与方法。

　　城市是人类塑造的复杂的社会—生态系统。在多种不确定性的扰动事件频发的今天，城市的脆弱性往往为人诟病，同时由于城市中密集的人口经济活动分布，扰动造成的损失也不可估量。面对城市扰动带来的挑战，"韧性"与"健康"成为未来城市至关重要的特性，它意味着城市对于不能完全预测的技术和社会系统脆弱性以及不确定的变化具有灵活应对与包容适应的特性，具体表现为坚持、适应和转型的能力。

　　本书以韧性城市系统（RCS）为研究对象，尝试建构韧健观下的韧性城市系统理论，一方面旨在寻求提升城市本身抵御及应对扰动能力的途径，另一方面则期望为城市规划建设参与者在面对不可预知、不确定扰动时采取的应对策略提出建议，从而使城市在适应、恢复与转型过程中逐渐完善和不断强大。同时对在此韧健观下的城市发展理念和规划方法进行探讨，旨在提高城市规划应对不确定扰动的能力，为城市转型发展提供理论指导，为转型期的城市规划创新提供新的理念和方法借鉴。

　　本书是韧性城市理论研究领域的一部分，是城乡规划学、城市生态学、城市系统学等学科的交叉研究成果。笔者基于复杂适应系统（CAS）理论并结合韧性思维，以"韧性城市系统"为主要研究对象，试图回答以下几个关键问题：如何认知韧性城市系统？如何评价其韧健水平？如何提升其韧性？

　　本书在综述国内外相关领域研究成果的基础上，提出理论研究假设：针对城市系统面临的急性冲击和慢性压力两大扰动，通过减少环境风险、减弱结构脆性和增强要素韧力三个方面的强健举措，可以实现城市系统韧健水平的提升。

在基础研究部分，首先将"城市扰动"和"韧性城市系统"作为基础研究对象，阐释分析了二者的特征和关系。然后对"韧性思维（RT）"和"CAS理论"这两大理论基石的内在联系进行研究，并对其在城市系统研究中的适用性进行批判式的吸收，得出韧性城市复杂适应系统的韧健特性，形成了韧性城市系统理论的本体论。

在主体研究部分，将"韧性城市系统"作为主体研究对象，尝试构建韧性城市系统理论。首先解读韧性城市系统生态协同、共生进化、网络冗余、自发适应、稳中求变和学习转型的多维内涵，建立包括城市系统韧健公式和城市发展韧性指数公式的韧性城市系统概念模型，并在分析韧性城市系统"压力释放"和"能力提升"调适机制的基础上，研究城市系统韧力的表现形式；然后从城市发展演进的角度提出四阶段循环演进模式；最终构建韧性城市系统的理论框架，形成了韧性城市系统理论的认识论。

在方法研究部分，首先提出"城市系统韧健评价方法"：在选取评价方法、构建评价体系的基础上，用Delphi-AHP法层层确立一系列关键韧健因子，并将之系统化为有权重的评价体系，可以对城市系统韧健水平给出全面的评价。在评价方法的基础上，探讨"韧性城市系统强健方法"：首先界定韧性城市的强健目标，并结合城市韧力损失指标公式，绘制"韧性城市系统机能曲线图"，由此构建了城市系统强健模型，通过调适模型相关变量提出了五大强健途径，探寻其内在的韧性提升机制，然后试图通过对全球韧性行动政策的归纳，提供一套韧性提升策略工具包，为不同城市在不同时期应对不同的扰动提供策略选择。评价与强健方法共同形成了韧性城市系统理论的方法论。

本书以一个新的视角来解析城市发展规律和问题，判断城市发展方向，衡量和评价城市发展，进而提供了规划转型创新的思路。研究探讨了实现永续发展的全新途径，即在承认环境不确定性和自身能力有限性的基础之上，摒弃了工程和生态思想中必须达成均衡状态的偏见，代之以一种发展韧性的观点，尊重城市社会—生态系统的基本规律。

目　录

第1章
绪论

"数十年来，系统思想一直是城市规划中非常突显但又时断时续的部分。但是在规划中，复杂性理论依然是其中一个相对较新的领域……" [①]

——约翰·弗里德曼（John Friedmann）

1.1 研究背景与意义

1.1.1 研究背景

1. 全球气候变化和环境危机

联合国人口报告显示，1950年，全球城市人口比例仅为30%，而目前全世界约有一半的人居住在城市中，预计到2050年将增长到66%。随着全球工业快速发展和人口不断增加，环境日益恶化。环境问题打破了区域和国家界线而演变成为全球性问题，例如全球气候变化、臭氧层耗减与破坏、生物多样性锐减、土地退化和荒漠化、酸雨等。

作为全球碳排放的主要源头，城市首当其冲成为解决环境危机的关键所在。城市在为人类积聚财富、承载文明进化的同时，也占用着地球85%的资源与能源，排放着同等规模的温室气体。城市面临以气候变暖为标志的环境危机的巨大威胁，我们需要探索有效的城市发展思路来提升城市的适应和恢

[①] 约翰·弗里德德曼. 关于规划与复杂性的反思[J]. 童明，译. 城市规划学刊，2017（3）: 56-61.

复能力，以应对未来气候变化和环境危机的影响。

2. 城市发展步入不确定时代

近些年，伴随全球气候变化和快速城镇化步伐，"天灾人祸"对城市的冲击正在不断重复并加剧。

城市不断遭受着各类极端灾害的破坏，2008年的汶川大地震、2010年巴基斯坦遭遇的特大洪灾、2012年发生在北京的721暴雨……越来越频繁极端的自然灾害，考验着城市的基础设施建设、应急防灾和恢复重建能力。

除了自然灾害，城市发展还面临严峻的危机事件的考验。进入21世纪以来，城市面临的全球性的经济萧条、暴力和恐怖袭击事件、跨区域的传染性病毒传播等外部环境的威胁越发严重。2001年美国的"911"恐怖袭击事件、2003年的SARS（严重急性呼吸综合征）事件、2011年日本福岛核泄漏事件以及最近的新型冠状病毒……这些突发性事件造成的影响随着全球化的发展日益加剧，历史经验和传统思维均无法应对。

进入21世纪以来，世界科技水平快速提升，信息化带来巨大的社会变革，我国的城镇化发展没有现成的经验或模式供参考或模仿，需要针对我国的实际情况进行深入分析研究，客观认识我国城镇化快速发展时期的背景、特征和引发的问题，科学选择城镇化的路径。为了规避城市快速发展带来的各种问题，我们需要对城市规划理论和方法加以创新。

另外，当今世界正处于以计算机和互联网为代表的新一代科技革命浪潮之中。它不仅极大地推动了人类社会经济、政治、文化领域的变革，同时也影响和改变了人类的生活方式和思维方式。新技术应用产生了新的城市公共服务模式，互联网创造了社会生活新的准公共空间，多维的社会需要复合实体空间和虚拟空间的"超空间"，城市规划也将成为一门更加开放的学科。

面临上述自然灾害、危机事件和科技革命带来的不确定性，城市规划应如何面对，既防范危险又抓住良机，是规划工作者需要深入思考的问题。

3. 我国城市发展和规划面临转型

我国正经历着世界上规模最大的快速城镇化，经过30多年的高速发展，成就令人瞩目，发展过程中遇到的问题也极具挑战性。一方面，随着我国城镇化进程快速推进，资源和环境压力日益加大，以高增长、高消耗、高排放、高扩张为特征的粗放型城市发展模式急速消耗了能源与环境。城市快速扩张，导致城市建设大量吞噬生态用地、侵占生态空间、破坏生态环境，造成城市生态功能退化、人居环境恶化，各种"城市病"频发。另一方面，超常的发展速度，特别是城市扩张与蔓延、基础设施超负荷运转、产业结构失衡等，造成城市在面临较大扰动时，显示出极大的脆弱性，城市已经越来越难以为继，必须尽快实现全面转型。

同时，国家层面将生态文明提升至前所未有的高度，推出一系列关于生态文明建设、绿色发展、新型城镇化等发展理念与政策指引，"新常态"背景下的经济社会转型面临变革，城市的发展也必然紧密承接国家经济和治理的变化，呈现新的趋势性转变特征，在此背景下的城市转型发展亟须新的理念来指导。

随着我国城镇化进入快速发展后期，在新形势的挑战下，城市规划的理想与现实出现了较大的落差。按部就班的城市规划屡屡失效，有学者指出，总体规划往往是"总是过时"的规划，控制性详细规划则是"控制不住"的规划[①]。规划城市用地规模和人口规模屡被突破，城乡发展空间失序，规划作为公共政策的权威性和作为行动指南的适应性均受到挑战。

2018年机构改革，自然资源部重组后印发了《中共中央 国务院关于统一规划体系更好发挥国家发展规划战略导向作用的意见》，从国家层面上提出建立定位准确、边界清晰、功能互补、统一衔接的国家规划体系。

这一系列的变化与挑战呼唤城市规划新思维、新理论和新方法，如何增强规划应对变化的能力，已经成为城市规划理论研究与实践中不可回避的一个难题。

1.1.2 研究意义

本书借鉴国内外相关领域的研究成果，对韧性城市进行系统研究，将较科学、合理地提出韧性城市理论与规划方法，且得出一些具有普遍指导意义的新思路和方法，可为城市规划与建设提供理论依据，并为城市规划编制与实施管理提供借鉴。

---

① 陈锋，王唯山，吴唯佳，等. 非法定规划的现状与走势[J]. 城市规划，2005，29（11）：45-53.

1. 理论意义：建构基于CAS视角的韧性城市系统理论，深化理论研究

各个学科领域不同侧重的研究没有统一在一个分析框架下，具体采取的城市韧性对策很容易产生对统一的城市系统的割裂看待，造成许多矛盾和问题。本研究尝试从复杂适应系统（Complex Adaptive System，CAS）的角度出发，将城市作为一个完整的承扰载体和应扰本体来看待，从多类型扰动化解与功能强健的角度思考城市扰动问题的规划对策，推动城市规划学科领域新的城市系统韧性研究范式的建立。

2. 实践意义：提出城市系统强健方法和策略，为城市规划提供新思路

本研究将为城市规划与建设提供方法指导和系统决策支持，从而提高城市整体防范和抵御重大风险的能力。对城市系统进行韧性提升，能在化解城市扰动的同时，为城市转型发展提供机会。由此也为城市发展理念与城市规划方法创新提供理论指导。

1.2 研究范畴与目标

1.2.1 概念界定

本书的韧性城市系统①（Resilient City System，RCS）研究涉及的相关重要概念包括城市扰动、城市系统、城市脆弱和城市强健，其四者之间的关系如图1-1所示。

在本研究中，城市系统面临的"扰动"包含3个要素：扰动源、扰动载体和扰动本体（坚持、抵抗或转型），如图1-1所示。图中左边爆炸形状为扰动源，底下的两个梯形基座为扰动本体（承受体），上边的两个方块为扰动载体。

遇到扰动（Turbulence）后，城市系统A经过调适和提升城市韧性转型成城市系统B，也就是从脆弱（Vulnerability）的城市系统转向了韧健（Resiliency）的城市系统。

————————————

① 在后面的研究中会提到"韧性城市复杂适应系统（Resilient City Complex Adaptive System，RC-CAS）"的概念，"复杂适应"乃"城市复杂巨系统"的必备特征，因此，本书为了研究表述方便，将此概念精炼为"韧性城市系统（Resilient City System，简称RCS）"。

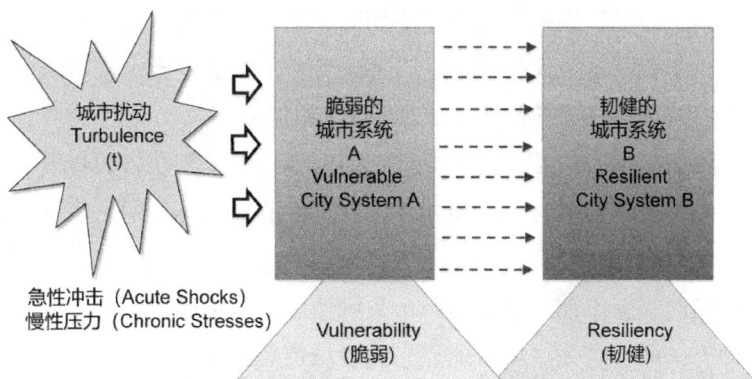

图1-1 城市扰动、城市系统、城市脆弱与城市韧健关系图

1. 城市韧性（City Resilience）

韧性理论与城市相结合，开拓了城市研究的内容与视野，阿尔伯蒂（Alberti）在2003年将城市韧性定义为：城市一系列结构和过程变化重组之前，所能够吸收与化解变化的程度[1]。韧性城市联盟将城市韧性定义为：城市或城市系统能够消化并吸收外界的干扰，且仍然能够保持原有的特征、结构和关键过程。但实际上城市韧性不仅包括城市系统能够调整自己，应对各种不确定性和突然袭击，还包括将积极的机遇转化为资本的能力[2]。

因此，城市韧性是指城市系统能够准备、响应特定的多重威胁并从中恢复，同时将其对公共安全健康和经济的影响降至最低的能力。在这一过程中，城市能够吸收干扰，在被改变和重组之后不仅仍然具有往常的特征（保持着相同的基础结构和功能运作方式），而且还能够从干扰中总结学习增强自身的能力。

2. 城市脆弱（City Vulnerability）

"Vulnerability"的语言学根源可以追溯到拉丁语中的"vulnus"，意思是伤口、敷伤口的药和受伤。在拉丁晚期（Late Latin），词汇"vulnerablis"指

---

① Alberti, M., Marzluff, J., Shulenberger, E., et al. Integrating humans into ecosystems: Opportunities and challenges for urban ecology[J]. BioScience 2003, 53(12).

② Berkes, F., J. Colding, C. Folke. Navigating socio-ecological systems: Building resilience for complexity and change [M]. Cambridge: Cambridge University Press, 2004.

受伤的士兵，即已受伤害的或者易受伤致死的。牛津英语词典的定义为：易于受到物质的和感情方面的伤害。灾害研究中的脆弱性概念较不统一，不同的研究者根据自己的研究需要进行不同侧重的定义。

城市脆弱是指城市系统在回应扰动的时候容易受到伤害的程度，反映出脆弱是一个基于承受体与扰动源相互关系层面的概念。脆弱的基本类型可以概括为：物质脆弱和社会脆弱。

城市脆弱是城市韧性思维的一个关键概念，了解城市脆弱，主要是要了解城市动态，而不是关注城市弱点。因为城市总是脆弱的，要注意的是有不断变化的脆弱性并不意味着城市是脆弱的，只要这个脆弱性是能够改变的。所以城市规划中的城市更新规划就是我们要解决的问题。

3. 城市扰动（City Turbulence）

引起被控量发生不期望变化的各种内部或外部因素，称之为"扰动"。

城市扰动即以城市系统或其子系统为承受体的干扰，引起了对城市系统的永续发展造成较大影响的自然和社会变动。其扰动源包括不可控制或未加控制的外部冲击及城市系统内部干扰因素两部分。

城市扰动还可以分为急性冲击（Acute Shocks）和慢性压力（Chronic Stresses）两大类问题。

4. 城市韧健（City Resiliency）

城市韧健有广义和狭义之分。

广义的城市韧健指城市免受任何潜在扰动风险威胁的状态。只有在城市人工环境与自然环境和谐共处、城市生产和生活方式友好、城市实现永续发展的状态下才能达到广义的城市韧健，这是宏伟而美好的目标。

狭义的城市韧健指城市在面对无法避免的扰动时具有较强抵抗能力、适应能力和转型能力，促使城市维持在一个健康平稳发展的状态。

狭义的城市韧健承认在现代社会中存在不可避免的风险事故和威胁，人类的发展对于环境的干扰也是不可避免的。重点关注制约城市生存和发展安全的重大扰动风险，从而勾画城市发展和建设的底线。狭义的城市韧健在现实社会中具有重大意义。

本次研究基于狭义的概念，将"城市韧健"的概念界定为：城市能对影响自身生存和发展的制约因素实现良好调控，同时具有较强的应扰能力、恢复能力及转型能力的状态。

如果说"城市扰动"是与城市相关的一种客观存在,"城市韧健"则是城市的一种状态表征,就如同相对于人来讲的"病害"和"健康"。

5. 城市系统(City System)

本书的"城市系统"主要是指城市本身这个系统,而不是"城市群组成的系统"(Urban System[①])即城市体系的含义,本书将城市看作一个复杂适应巨系统,研究的重点是将CAS理论引入城市韧性研究,韧性城市系统理论主要是将城市当作一个个体研究,而不是研究一个群体。

这个城市系统是一个社会—生态复杂巨系统,含有社会—生态系统的特性。城市生态系统是指特定地域内的人口资源环境通过各种相生相克的关系建立起来的人类聚居地或社会经济自然复合"[②]。城市社会生态系统则是城市生态系统和社会的一种融合,它是随着人类社会发展逐渐建立起来的,包括城市生态系统中的各种自然网络和更为重要的社会、政治、经济及文化等关系的网络,是人类社会群体与生存环境的有机结合,是自然界和人类社会长期共同发展的产物,是自然生态系统进化的必然产物和最高形态,是一个开放的复杂巨系统。与任何生命系统一样,城市社会—生态系统也具有其特有的系统结构与功能以及控制规律。

6. 韧性城市系统(Resilient City System,RCS)

构建韧性城市系统,对于城市预防扰动、承受扰动的能力和城市受冲后的复建、更新活动都有着极大的影响。"韧性城市系统"指基于城市整体韧健目标导向构建的城市系统,是城市系统在韧性思想下的优化,也是城市发展一系列目标状态描述中的韧力表达,即城市韧健实现状态下的城市系统。对韧性城市系统的概念界定基于前文对城市韧性和城市系统的界定而展开。韧性城市系统概念如图1-2所示。

---

① 《城市规划基本术语标准》GB/T 50280—98中将"城镇体系"翻译成"Urban System",定义为:一定区域内在经济、社会和空间发展上具有有机联系的城市群体。百度百科中,城市系统(Urban System)定义是指不同地区、不同等级的城市结合成为有固定关系和作用的有机整体。

② 沈清基. 城市生态系统与城市经济系统的关系[J]. 规划师, 2001, 17(1): 17-21.

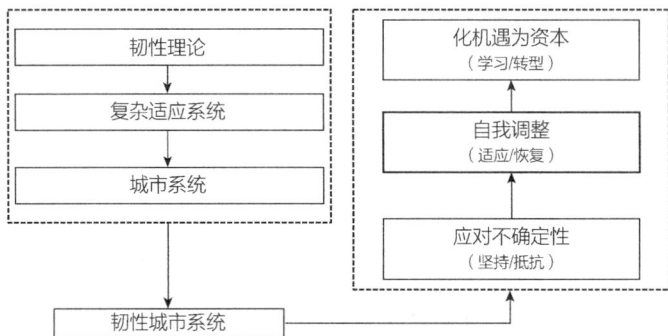

图1-2 韧性城市系统概念框图

7. 核心关键词概念辨析

城市作为复杂的社会生态系统，面临各种不确定性的扰动事件，脆弱的城市系统往往为人诟病，同时由于其密集的人口经济活动分布，扰动造成的损失也不可限量。尤其是新型冠状病毒的突如其来，对整个社会生态系统造成了很大的冲击，而且很快地席卷全球。这个来势汹汹的病毒对我们的城市系统提出重大考验。面对城市扰动带来的挑战，韧性与健康将成为未来城市至关重要的特性，它意味着城市对于不能完全预测的技术和社会系统脆弱性以及不确定变化，应具有抵御、调适和提升的能力。其理论基础便是复杂适应系统（Complex Adaptive System，CAS）理论。因此，本书提出的"韧性城市"（Resilient City）主要是指能够抵御急性冲击和化解慢性压力，并通过坚持使得城市生态系统的特征、结构、功能保持稳定，并具有自我调整恢复和适应提升能力的城市。而城市韧健（City Resiliency）指城市能对影响自身生存和发展的制约因素实现良好调控，同时具有较强的抵御能力、恢复能力及适应能力的状态。

"扰动""韧力""强健""韧健"这四个关键词支撑了本书的研究，为更清晰地运用表达，特将这些词的内涵类比于人体系统相关概念作一辨析。其中"扰动"一词主要表达城市面临的外部干扰和内部失衡，类比于人体系统所面临的病害（外邪、疾病）威胁；"韧力"一词主要表达城市系统保持稳定的能力，类比于人体系统的愈力（免疫力、恢复力）；"强健"一词主要表达城市系统的恢复机制和过程，类比于人体病后的康复；"韧健"一词主要表达城市系统调整的结果和目标，类比于人体系统的健康。

笔者将城市的韧力定义为城市系统在面对扰动时能抵御和坚持、迅速调整并恢复预期功能、及时适应且提升到能控制当前或未来预期状态的一种能力。但要表达一个城市系统具有较强韧力，同时又要表示城市的安全和人的健康的一种状态时，却发现中文没有较合适的词来表达，建议用"韧健"一词（英文中一般用Resiliency来表达），韧且健的意思。"有力则韧，无弱则健"，"韧"表达的是城市系统非常态的要求，"健"表达的是常态的要求。为了更好地辨析以上关键词的概念，笔者通过利用人体与城市的类比来解读这些词。本研究核心关键词概念辨析如表1-1所示。

本研究核心关键词概念辨析 表1-1

关键词要表达的意思	城市相关概念	人体相关概念
外部干扰和内部失衡	扰动	病害
保持系统稳定的能力	韧力	愈力
恢复机制和过程	强健	康复
最后结果和目标	韧健	健康

广义的城市韧性包括城市系统中的个体、社区、机构、企业和子系统等具有的韧性。

狭义的城市韧性将城市系统看作一个整体的复杂巨系统的概念。

由于本书的立论基础是CAS系统理论，为了便于理论构建，本书的城市韧性主要是指狭义的城市韧性。

1.2.2 研究问题

本研究是韧性城市规划研究领域的一部分，是城乡规划学、城市生态学、城市安全学等研究领域的交叉领域。笔者试图以韧性城市系统为主要的研究对象，通过本研究拟回答以下几个关键问题。

1. 如何认知韧性城市系统

即要对韧性城市系统有一个全方位的了解，就需要从构建理论的角度切入，对其概念、内涵、组成、运作机制、概念模型、演化模式等一系列问题进行解答。

2．如何评价韧性城市系统

要对韧性城市系统的韧健状态作一个描述，最终是要能量化进行比较和评价，评价方法、评价体系、计算模型、因子权重等这些要素都是要考虑的。

3．如何提升城市系统韧性

知道城市系统韧健水平的评价，接下来就要找到强健方法来提升城市系统韧健水平，其强健目标、强健模型、强健途径、强健策略和措施都是要展开的内容。

4．对我国城市规划有何启示

前面研究的是理论与方法，最终还是要进行应用，基于当前城市规划理论的演变和我国城市规划的新挑战，需要对传统城市规划进行创新，这也是本书研究的最终目的所在。

1.2.3　研究对象

1．韧性城市系统

本研究以"韧性理论"和CAS理论为支撑，将"城市扰动"和"韧性城市系统"作为基础研究对象，探究城市系统韧健特征。

（1）将韧性城市系统作为主体研究对象，分析韧性城市系统的基本概念、演进模式和调适机制，研究城市系统韧力的表现形式，构建韧性城市系统理论。

（2）将城市系统韧健作为方法研究对象，提出韧性城市系统的发展目标、永续策略和强健模型，通过研究其机能曲线，提出系列强健举措。

2．我国城市规划

将"我国城市规划"作为应用研究对象，依据韧性城市系统理论，对我国城市发展理念和规划方法提出启发性思考。

1.2.4　研究目标

在对系统韧性理论进行解析及分类研究的基础上，构建韧性城市系统理论，研究韧性城市系统构成，对韧性城市规划方法进行新的思考，并探讨在具体城市规划实践中的应用，以期为新的发展时期城市发展及城市规划的思想与方法新探索提供借鉴，为城市发展提供有针对性的强健策略。

1.3 研究思路与方法

1.3.1 研究构思

城市作为一个复杂的系统，在变得越来越强大的同时，也越来越脆弱，长期存在的渐变事件和突发事件干扰着城市的发展，正面的机遇如技术革新、制度革新等，负面的挑战如全球气候变化、灾害频繁、能源危机等，如何在重重挑战与危机中，保存自己并且保持发展活力，是城市亟待解决的问题。仇保兴博士在《复杂科学与城市规划变革》一文中从当代城市规划学困惑的表象和原因入手，提出城市作为复杂适应系统的基本特征。在《复杂科学与城市的生态化、人性化改造》中他指出以"自组织"来弥补现有的城市缺陷，包括八个方面：微循环、微能源、微冲击、微更生、微交通、微创业、微绿地和微调控，并据此归纳出城市规划学变革的方法论——新理性主义的四方面特征：从单一连续性转向连续性与非连续性并存；从注重确定性转向确定性与非确定性并存；从突出城市的可分性转向可分性与不可分性并存；从严格的可预见性转向可预见性与不可预见性并存。进而从这四方面"并存"提出基于复杂自适应系统规律的城市规划变革七方面重点，即对城市总体规划进行期中评价；推行低冲击开发模式；强调层层嵌套式的城市结构；倡导用地混合与交往空间；实施从下而上的"社区魅力再造"；提倡韧性的规划结构；形成城市群的协同机制[①]。

而韧性思维恰巧为城市规划的创新提供了理论基石[②]。韧性思维与社会和生态系统紧密相连，为规划者更好地理解城市社会生态系统提供了有用的研究框架。虽然环境议题一直在规划中占有重要的位置，特别是近年来日益凸显的气候变化问题，但是规划仍然缺乏有效的理论和实践工具来分析城市生态系统。当前的规划方法通常将城市中的"社会"和"环境"因素进行分类，但很少分析其内在联系。韧性思维有助于弥合两者的分离，也有潜力成

---

① 仇保兴. 复杂科学与城市的生态化、人性化改造[J]. 城市规划学刊. 2010（1）：5-13.

② Chen, Z., Qiu, B. Resilient Planning Frame for Building Resilient Cities[C]//Chen X., Pan Q. Building Resilient Cities in China: The Nexus between Planning and Science. GeoJournal Library, Springer, Cham, Switzerland, 2015: 33-41.

为自然和社会科学之间的桥梁，促进跨学科的对话和合作来解决当前复杂的社会生态矛盾。

复杂性科学理论方法作为系统科学前沿，在解决人类面临的众多复杂问题中显示出有效性，被誉为"21世纪的科学"。从20世纪中叶起，随着系统科学的兴起，将城市看成一个"开放的复杂巨系统"已成为城市规划等学界的共识。当前，我国进入了城镇化的"新常态"，城乡规划学成为新的一级学科，亟待建立适应时代的新知识体系，需要引入复杂性科学新方法论来重新审视和整合当代规划理论与方法。研究基本构思如图1-3所示。

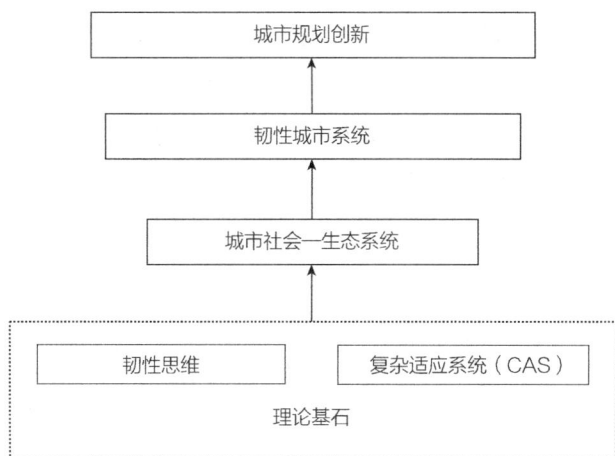

图1-3 研究基本构思

1.3.2 理论假设

笔者首先提出一个大的理论假设。

针对城市系统面临的急性冲击和慢性压力两大扰动问题，通过减少环境风险、减弱结构脆性和增强要素韧力三个方面的强健举措，可以实现城市系统韧健水平的提升（大前提、小前提、结论）。

这个大的假设再分出三个小的假设。

子假设一：减少环境风险主要能解决城市慢性压力问题；

子假设二：减弱结构脆性主要能解决城市急性冲击中的不确定性问题；

子假设三：增强要素韧力主要能解决城市急性冲击中的确定性问题和部

分解决城市慢性压力问题。

假设一：是指城市系统外部环境中有些扰动不是很明显和被感知，影响有滞后性，通过努力改善外部环境和减少扰动发生的频率，还是可以保障城市系统韧健的。

假设二：是指宏观层面城市系统中的多种扰动问题，主要是应对城市扰动的复杂性问题（去弱强身，全身调养，自上而下），尤其是扰动的不确定性。

假设三：是指微观层面城市系统中的特定扰动问题，主要是精确性地解决城市的扰动问题（增力健体，局部锻炼，自下而上），主要应对确定性的城市扰动。自身韧力的增强，对减轻慢性压力也有一定作用。研究假设推演如图1-4所示。

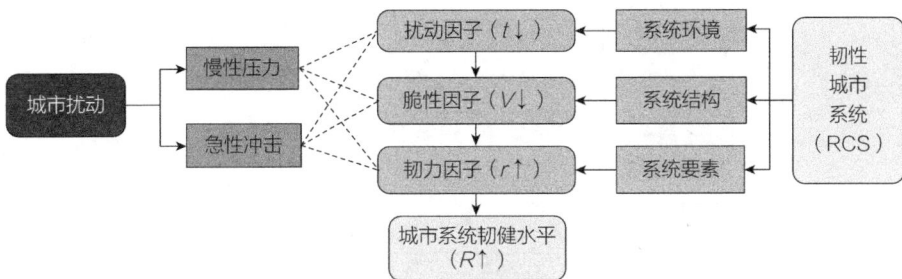

图1-4 研究假设推演图

假设还可表述为：调控系统环境（扰动因子t）、系统结构（脆性因子V）和系统要素（韧力因子r）三个变量能提升城市系统的韧健水平（R）。

1.3.3 技术路线

整体研究思路如图1-5技术路线图所示，具体说明如下。

"城市扰动与韧性城市系统的关系"是研究的起点，"韧性城市系统理论基础"是理论架构的研究支撑，以韧性思维和CAS理论的核心思想及特征研究作为理论基础。

此后，架构"韧性城市系统理论"。通过顶层设计和过程控制两个方面来构建理论模型。

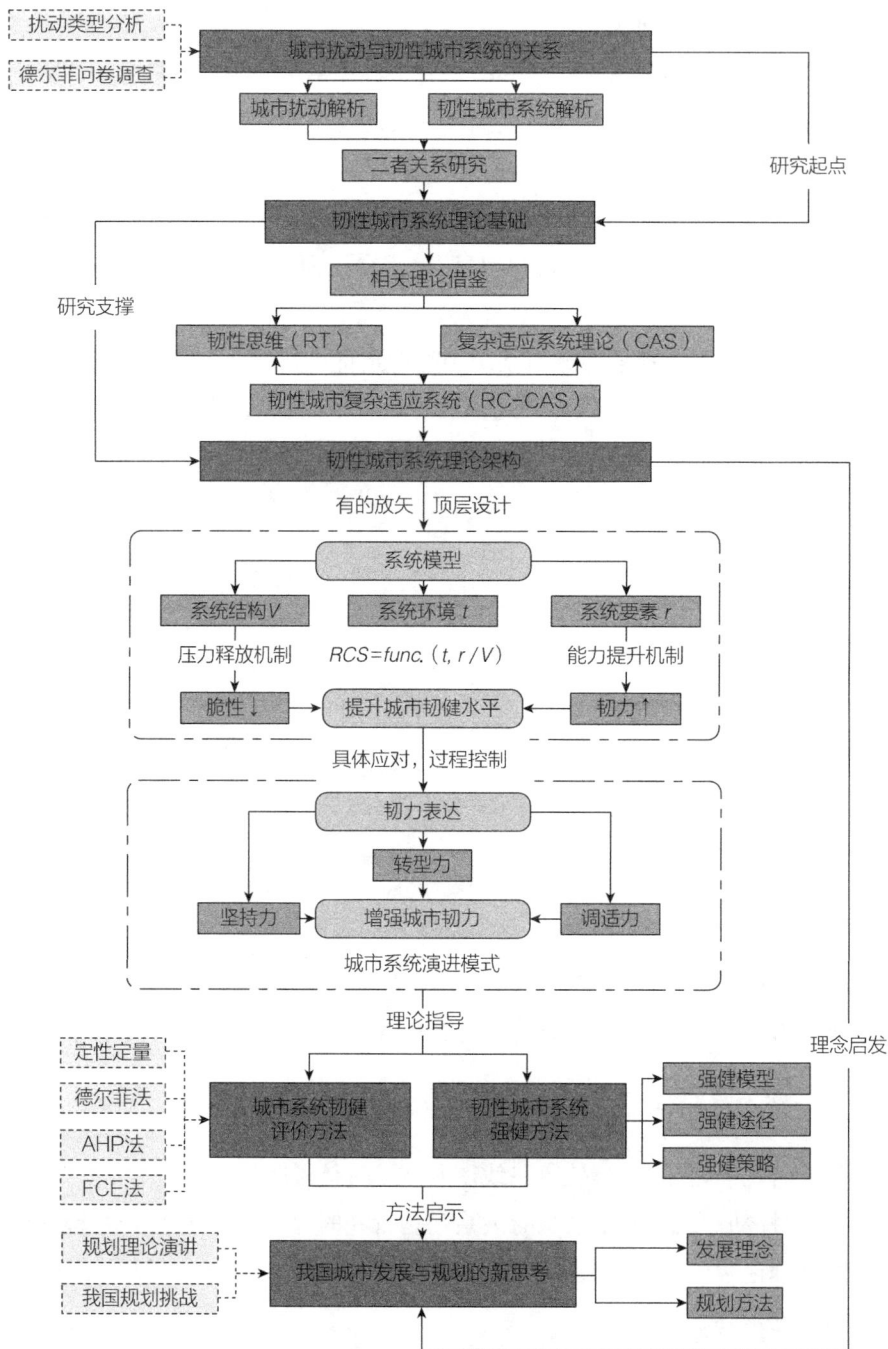

图1-5 技术路线图

顶层设计从韧性调适机制的角度构建了城市系统强健模型 [$RCS=func.$ $(t, r/V)$]，系统环境、系统结构和系统要素组成了三大主变量，可以通过压力释放机制和功能提升机制分别降低城市脆性和提升城市韧力，从而提升城市强健水平。

过程控制将韧力分解，提出三个阶段的特征力：坚持力、调适力和转型力。这三个力分别增加城市韧力，此三力可以推动城市系统循环演进。

构建了理论模型后对评价方法和强健方法进行研究。评价方法主要运用了Delphi-AHP和FCE模糊综合评价法，构建了评价体系。强健方法首先提出韧性城市系统的发展目标，并研究实现此目标的功能强健公式和机能曲线，由此找到强健的变量，最后通过五大途径提出策略体系。

基于韧性的城市发展理念与规划方法创新部分主要是提出了城市发展理念和城市规划方法的创新，这些都依据前面的理念启发。

有了前面的理论与方法研究，笔者开始将其应用于城市规划实践中，即落实到基于韧性的城市发展理念与规划创新中。先研究传统规划的演变，从而找到规划发展的韧性转型方向，提出一系列新的韧性城市发展理念范式。然后基于韧性系统理论与方法，提出城市发展理念和城市规划方法的创新，以期对现行城市规划改革提供思想和方法借鉴。

1.3.4 研究方法

城市系统是一个非线性结构，是一个各种功能系统既相对独立又相互包容、嵌套和反馈的复杂系统。研究韧性城市系统需要运用共时和历时比较、文献引证、分析和综合、归纳和演绎等方法，这些方法都是人类依据客观的现象和材料进行实证科学研究应掌握的正确认识手段。本书依据这些立论的逻辑原则一步步建立关于韧性城市系统的理论体系。

1. 分析与综合

分析与综合，是在对事物的认识中把整体分解为部分和把部分重新结合为整体的过程与方法。分析是把事物分解为各个部分、侧面、属性，分别加以研究，是认识事物整体的必要阶段。综合是把事物各个部分、侧面、属性按内在联系有机地统一为整体，以掌握事物的本质和规律。

在对韧性城市系统的研究过程中，基于文献阅读和调查研究的分析—综合方法一直贯穿始终。特别是有关城市系统韧性表征和韧性城市系统的解析，均得益于分析—综合方法的运用。

2．归纳和演绎

归纳和演绎是人类认识最早、运用最为广泛的思维方法。它所涉及的是个别与一般的关系，是事物和概念之间的外部关系。归纳和演绎是形式逻辑和辩证逻辑共有的思维方法，是辩证思维的起点。

理论部分的研究主要采用演绎法，方法部分的研究主要采用归纳法。本书希望通过韧性城市系统理论的研究，对城市系统韧性作出具体的分析，通过分析结论，梳理城市系统的韧性特征，从而提出在韧性城市规划中应该遵循的原则。归纳—演绎方法也是一直贯穿始终，并行之有效的原则方法。这种逻辑程序有利于从城市系统的多种系统问题梳理（归纳）得出共性的特征、共性的问题、简明的分类和正确的路径，从而找出（演绎）城市系统强健和韧性理论建构的正确方法。

3．比较研究

比较研究方法，是指对两个或两个以上的事物或对象加以对比，以找出它们之间的相似性与差异性的一种分析方法，是人们认识事物的一种基本方法。

通过对中医和西医的比较，引申出超越还原论和发展整体观两种方法在城市韧性研究中的可行性。

通过历时和共时的比较法能更好地认识对象。城市系统研究中往往获得同一场地的几个历史时空断面，通过分解该场地而后综合判断，获得其历史的连贯变化。城市系统韧性思想溯源与传统城市规划演变也正是运用了历时比较法。

4．类比研究

类比研究方法是通过对两个或两类研究对象进行比较，找出它们之间的相同点或相似点（指属性或规律或所存在的自然事物），并以此为根据，把其中对某一个或某一类对象的有关知识和结论，推论到另一个或另一类（研究对象）上去，从而推论出它们的其他属性或规律或存在的自然事物也可能相同或相似的结论，或者由两个对象的规律相似，推论出它们的属性相同或相似的结论。

在本书中比较方法主要用于一些主要概念以及不同规划模式的对比分析中。类比方法是本书重要的研究方法，将对城市扰动与人体健康进行类比，更容易让读者理解本书的思想脉络和主要观点。

5. 隐喻方法

霍兰认为，"隐喻"在复杂适应系统研究中起关键作用，丰富的隐喻和类比，是创造性科学的核心。所谓隐喻，是将一些差别较大的经验领域融合成一个单一的形象或符号，通过想象和象征直观地理解不同经历、不同背景的个体对象。霍兰在为《隐秩序》一书所写的中文版序言中，对隐喻方法给予了极高评价。他指出："自泰勒斯开始，我们沿着演绎、符号数学和科学理论的方向走过了漫长的道路。然而，这些方法对激发创造性过程的隐喻想象增加了约束。"他主张："真正综合两种传统——欧美科学的逻辑、数学方法与中国传统的隐喻类比相结合——可能会有效地打破现存的两种传统截然分离的种种限制。在人类历史上，我们正面临着复杂问题的研究，综合两种传统或许能够使我们做得更好"[①]。

6. 系统方法

系统方法，是指用系统的观点和原理去研究天然自然界、人工自然界、社会和人类的认识活动、生产管理及其他一切管理活动，把研究对象放在系统的形式中，从整体和全局出发，从系统与要素、要素与要素、结构与功能、系统与周围环境之间的相互关系、相互作用和相互制约中，进行考察和辩证分析，是一种系统层次分析的科学研究方法。

系统方法是本研究主要的出发点。本书超越了还原论思想，又发展了整体论思想，在精确性和复杂性两个维度取一个均衡点来对韧性城市进行系统研究。

7. 多学科交叉

本书中的学科交叉与综合，首先体现在多学科融贯的视野高度上，研究涉及城乡规划学、城市灾害学、城市环境学、城市生态学、医学和生命科学等；其次是对相关领域的研究方法的借鉴与创新，特别是参考一些社会科学

---

① 约翰·H. 霍兰. 隐秩序——适应性造就复杂性[M]. 周晓牧，韩晖，译. 陈禹，方美琪，校. 上海：上海科技教育出版社，2019.

和自然科学的分析、计算方法并将其纳入城市系统本体的研究范畴；最后是基于交叉学科的视野与研究方法，确保研究结论在城市韧性基础研究上的科学和理性。城市系统韧性研究的多学科综合则主要体现在对城市系统韧性理论的研究中。

8. 德尔菲法

本书在研究城市扰动和城市系统的关系时用到了德尔菲法进行问卷调查。在构建评价体系时用到了Delphi-AHP-FCE综合集成法，是根据改进的德尔菲法（Delphi法）、层次分析法（Analytic Hierarchy Process，简称AHP法）、模糊综合计算法（Fuzzy Comprehensive Evaluating，简称FCE法）的一种综合集成方法。

1.4 研究框架与内容

1.4.1 研究框架

本书结构框架如图1-6所示。

1.4.2 研究内容

本书在CAS理论和韧性思维的指导下，吸收借鉴相关学科研究的最新成果，尝试构建适应时代和学科发展要求的韧性城市系统理论，对当前我国城市发展理论形成启示并探求城市规划方法上的一些创新。

本书由九个章节、六部分构成。

1. 背景研究

第1章是"绪论"。介绍了本书的研究背景和意义，提出本书要研究的主要问题，确定研究的范畴和目标，选择相应的研究方法，概述研究的内容和框架。

第2章为"国内外相关研究综述"。先对国内外文献进行了综合分析，把握当前研究的最新动态并找到核心的研究线索与内容，再分别从韧性理论与韧性城市、系统理论与城市系统和韧性城市规划研究这几个方面论述当前研究进展。

研究结论
- 研究不足与展望
- 主要结论 — 研究结论 — 主要创新

应用研究
- 发展结果 / 规划目标
- 发展状态 / 规划过程
- 发展机迹 / 规划原则
- 发展条件 / 规划路径
- 系统演化 / 规划体系
- 城市发展新理念 / 城市规划新方法
- 规划理论演进 / 城市规划挑战
- 韧性观
- 对我国城市发展与规划的启示

方法研究
- FCE模糊评价 — 综合评价
- 德尔菲AHP法 — 层次模型
- 体系构建
- 方法概述
- 城市系统韧性评价方法
- 策略体系 — 强健策略 — 行动措施
- 五大路径 — 强健路径 — t V P A T
- 机能曲线 — 强健模型 — 损失公式
- 韧性 强健 — 强健目标 — 永续
- 韧性城市系统强健方法

理论研究
- 理论框架
- 保护 — 开发 / 演进模式 — 更新 — 重建
- $RCS=func.(t, r/V)$
- 压力释放 — 强健机制 — 能力提升
- 实现过程 — 韧力表达 — 表现形式
- 韧性公式 — 概念模型 — 韧性指数
- 多维内涵
- 韧性城市系统理论架构
- $CDRI=r=P*A*T$

基础研究
- 韧性城市复杂适应系统
- 韧性思维RT — CAS理论
- 韧性内涵演变与系统理论革新
- 相关理论借鉴
- 韧性城市系统理论基础
- 城市扰动 — 急性冲击 m / 慢性压力 m — 系统要素 / 系统结构 / 系统环境 — 韧性城市系统
- 城市扰动与韧性城市系统的关系研究

背景研究
- 韧性理论与韧性城市 / 国内外文献分析 — 研究综述 — 韧性城市规划 / 系统理论与城市系统
- 城市发展步入不确定时代 — 问题提出 — 我国城市发展和规划面临转型
- 全球气候变化和环境危机

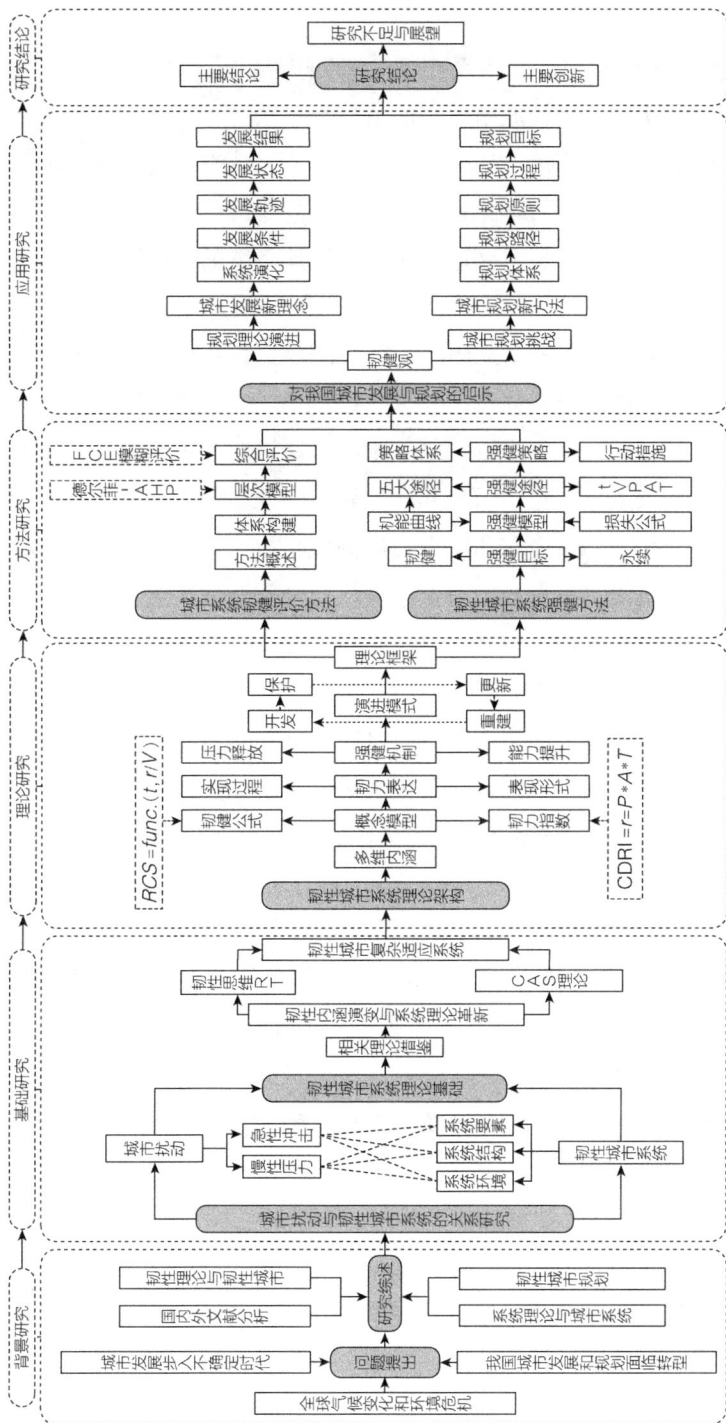

图1-6 本书结构框架图

2. 基础研究

第3章为"城市扰动与韧性城市系统的关系研究"。该部分是本书研究的起点，阐述了城市扰动与韧性城市系统的范畴和关系。

第4章为韧性城市系统理论基础研究。先从交叉学科的相关理论中进行借鉴，再从韧性内涵演变看系统理论创新，将韧性思维和ICAS系统作一个关联研究，找到其共有特性，并探索韧性城市复杂适应系统的韧性特征。

3. 理论研究

第5章为"韧性城市系统理论架构研究"。阐述了本书的理论内核。首先对"韧性城市系统"的多维内涵进行解读，结合前一章CAS系统和韧性思维的研究，笔者认为"韧性城市系统"的基本内涵应该包含生态协同、共生进化、网络冗余、自发适应、稳中求变和学习转型这几个方面；接着提出了概念模型，包括城市系统韧健公式和城市发展韧性指数公式；为了更进一步了解韧性城市系统的本质，笔者对韧力作了解析，分别从韧性实现阶段和表现形式作了分析；为了提出概念模型，笔者先对韧性城市系统调适机制作了研究，认为"压力释放"和"能力提升"两大机制决定了韧性城市系统的整个调适功能；韧性城市系统的演进也有其独有的特征，笔者从城市发展演进的角度，提出了四阶段循环演进模式；为了更进一步把握韧性城市系统，笔者结合系统论，提出韧性城市系统的理论框架。

4. 方法研究

第6章为"城市系统韧健评价方法研究"。对城市系统韧健评价方法作了一个整体介绍，从评价方法概念到评价体系构建、再到模糊综合评价过程，用Delphi-AHP法层层确立、寻找一系列关键韧健因子，并将之系统化为有权重的评价体系。通过对这些关键韧健因子的考察，可以对韧性城市系统的状态进行全面了解，将整个城市系统韧健评价模型建立起来，为观测城市系统韧健水平奠定基础。

第7章为"韧性城市系统强健方法研究"。提出韧性城市系统的韧性发展目标，由此界定韧性城市的强健目标；为了探寻其内在的韧性提升机制，笔者结合城市韧力损失指标公式，绘制了一个韧性城市系统机能曲线图，由此构建了城市系统强健模型；结合机能曲线图调适相关变量，从而提出相关的强健举措；为了提出更加具有针对性的韧性提升策略体系，笔者将提升城市韧性分成五大策略领域，进而分解出不同的具体策略。

5．应用研究

第8章为"韧健观下的我国城市发展与规划新思考"。该部分是本书的应用研究部分，城市规划作为一门应用学科，借鉴前文的理论与方法是很有必要的。笔者首先探讨现在城市规划理论的演进，再对我国的城市规划挑战进行研究；进而提出城市发展理论新范式和城市规划新方法，这些都是从前述韧性城市系统理论和强健方法中总结出的对我国城市规划的启示，是城市发展理念和城市规划方法创新的思路。

6．研究结论

第9章是"结论"。该部分对本书主要研究结论进行总结，指出本书的创新之处，并对后续研究进行展望。

第2章
国内外相关研究综述

从韧性视角对城市及城市规划进行研究是当前的热点研究方向。本书首先对国际和国内文献进行综合分析，把握当前研究的最新动态并找到核心的研究线索与内容，再分别从城市韧性研究、韧性城市研究和韧性城市规划研究这三个方面论述当前研究进展以及对后继研究提出建议。

2.1 国内外相关文献分析

2.1.1 国外相关文献分析

通过权威的互联网科学数据库ISI Web of Science（简称WOS）检索分析，可以得出国际上关于韧性城市研究的概貌。

鉴于英文拼写的问题，此处用"TS=（RESILIEN* CITY）"检索公式进行主题检索分析，共检索到1995年至2020年的相关文献6607篇。为了进一步精炼出韧性城市的重点文献，用"TI=（RESILIEN* CITY）"检索公式进行标题检索分析，共检索到2003年至2020年的相关文献793篇（图2-1），对每年文献数和引文数进行分析，可以看出2003年后整体呈递增趋势。

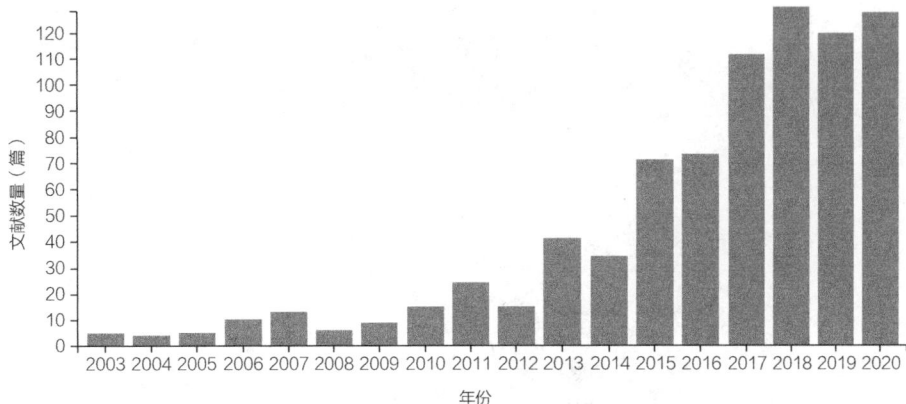

图2-1 WOS对"TI=（RESILIEN* CITY）"的检索结果——每年的文献数

对这些精炼出的文献用VOSviewer①软件进行可视化分析（图2-2、图2-3）。图2-2展示了VOS可视化结果，图2-1为标签视图，其中圆和标签越大，节点越重要。

在密度聚类（Cluster Density View）图（图2-4）中，只有节点被分成了不同聚类族才有效。

分析城市韧性文献中具有影响力的文章，用图阐明已编撰的WOS城市韧性数据组的共被引网络（图2-5、图2-6）。图中的节点或圆圈代表所引用的具体参考文献，而边缘（连接线）则表示两个参考文献被一起引用。节点的大小反映在该网络中共被引的数量（程度中心性）。程度值>45的节点上标有第一作者的姓氏、名的首字母以及文章出版年份。

2.1.2 国内相关文献分析

针对国内研究，通过万方数据知识服务平台的关键词知识脉络分析（2003～2020年），以"韧性城市"作为关键词进行检索分析，得到发表年度趋势图（图2-7）。

① VOSviewer（VOS）是由威肖（Van Eck）与沃特曼（Waltman）研发的一款免费软件，他们在荷兰鹿特丹大学工作期间就开始研发该软件，从2009年中期开始两人在荷兰莱顿大学工作并在该校的科学与技术研究中心（CWTS）的支持下继续开发VOSviewer。VOSviewer是专门用于构造和可视化文献计量图谱的软件工具，在图谱展现，尤其在聚类方面有独特优势。

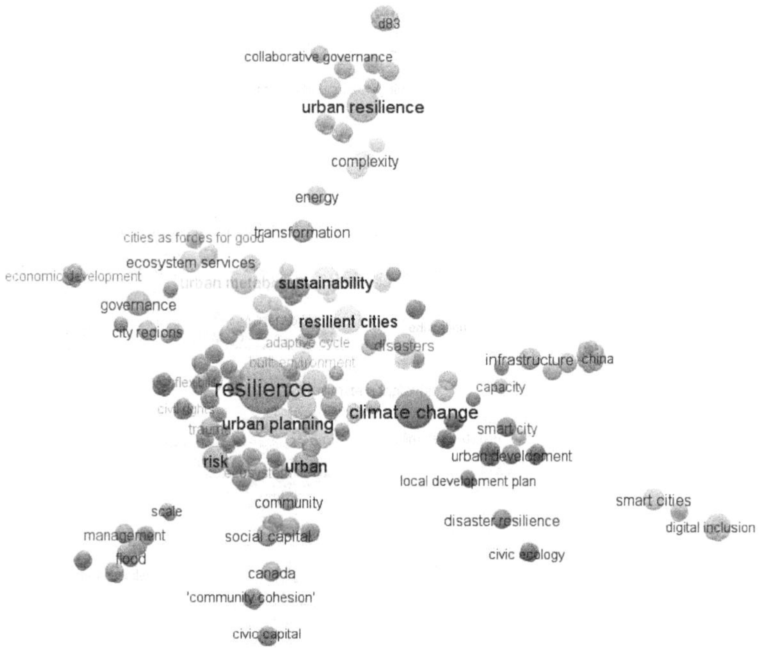

图2-2 VOS对"TI=（RESILIEN* CITY）"的检索结果进行主题热词分析标签视图
来源：笔者通过VOSviewer对ISI Web of Science 网络引文检索结果进行分析得出。

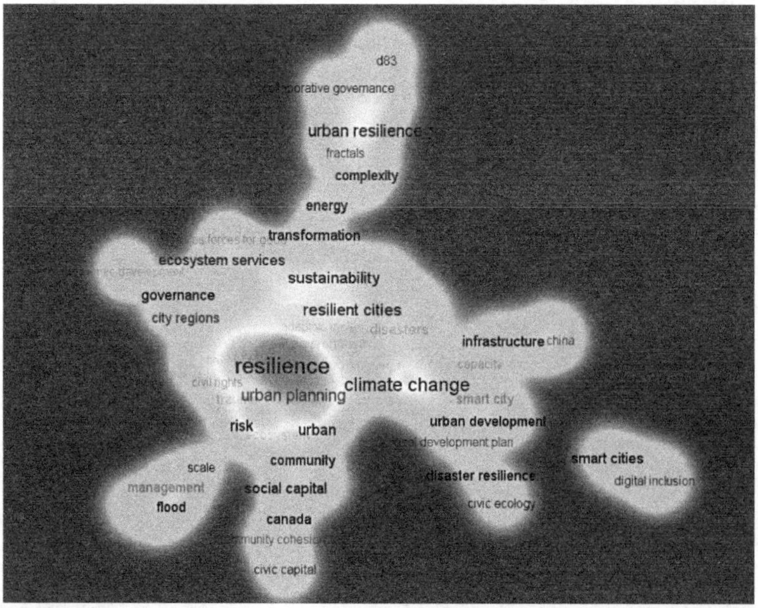

图2-3 VOS对"TI=（RESILIEN* CITY）"的检索结果进行主题热词分析密度视图
来源：笔者通过VOSviewer对ISI Web of Science 网络引文检索结果进行分析得出。

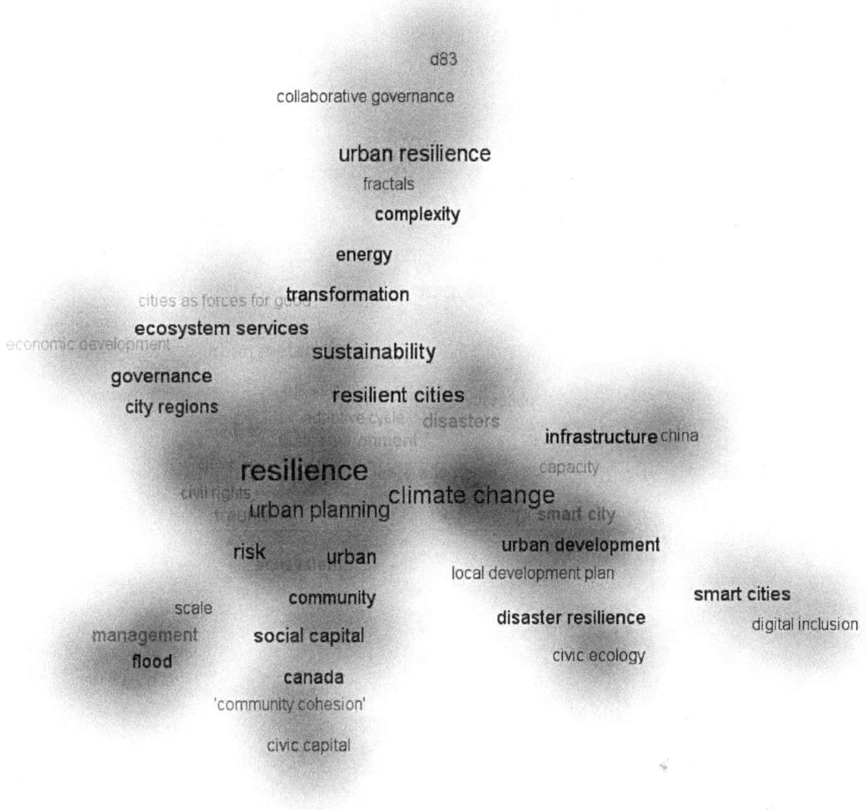

图2-4 VOS对"TI=（RESILIEN* CITY）"的主题热词分析密度聚类视图
来源：笔者通过VOSviewer对ISI Web of Science 网络引文检索结果进行分析得出。

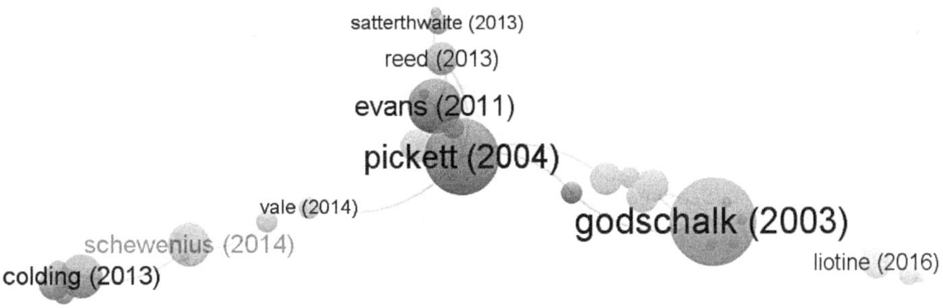

图2-5 VOS对"TI=（RESILIEN* CITY）"的检索结果进行具有影响力文献作者分析
来源：笔者通过VOSviewer对ISI Web of Science 网络引文检索结果进行分析得出。

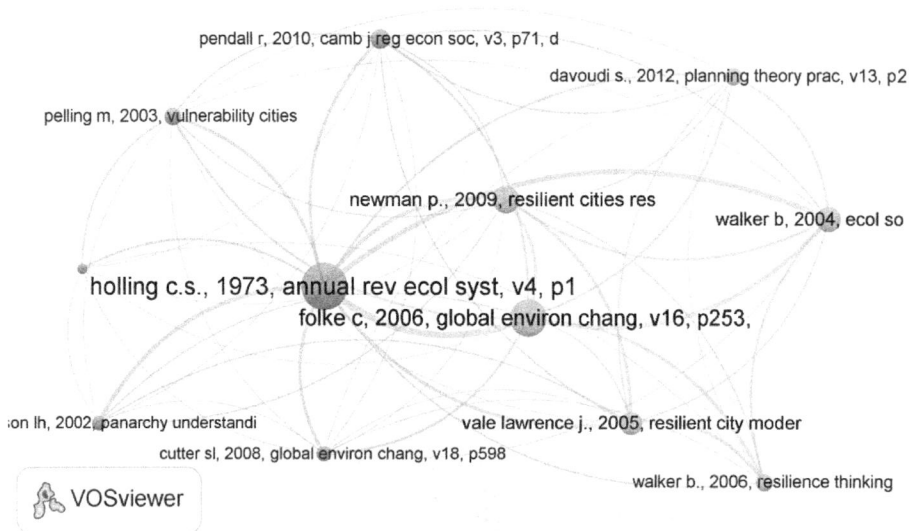

图2-6 VOS对"TI=（RESILIEN* CITY）"的检索结果进行引文关联可视化分析
来源：笔者通过VOSviewer对ISI Web of Science 网络引文检索结果进行分析得出。

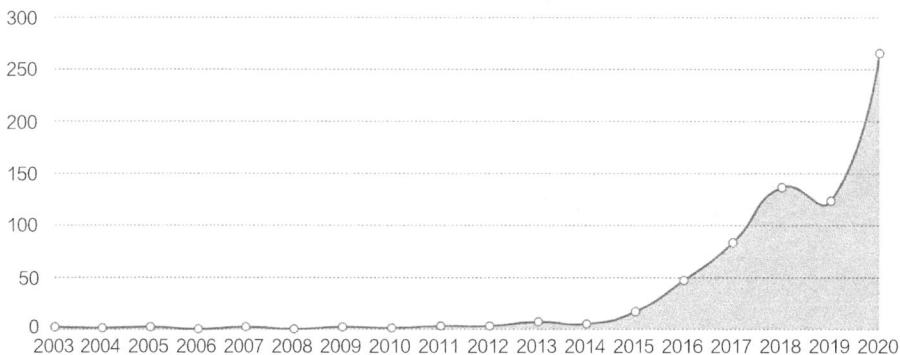

图2-7 "韧性城市"学术论文发表趋势分析图
来源：万方数据知识服务平台知识脉络分析（http://trend.wanfangdata.com.cn）。

由图2-7可以看出，2012年以后，"韧性城市"才开始引起国内学者的关注，2014年以后相关研究呈爆发式增长，尤其是2019年后，这可能主要是与新冠肺炎疫情暴发有关系。

从图2-8中可以看出，关于"韧性/弹性（Resilience）"的概念（图中央颜色最深的圆点），引证文献较多，提出也较早，它首先是作为一个力学概

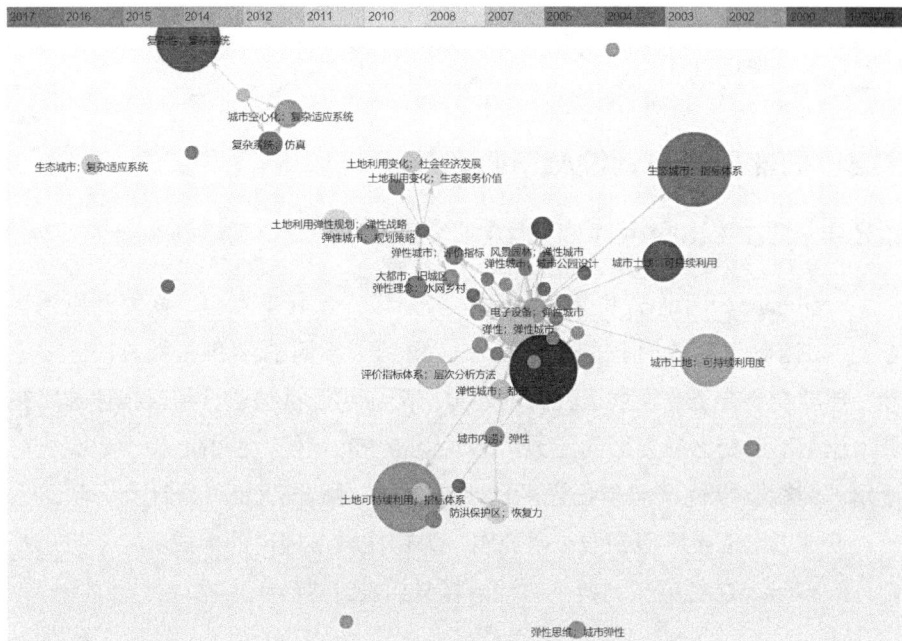

图2-8　CNKI文献互引网络分析
来源：CNKI学术文献分析中心（http://epub.cnki.net/KNS/ArticleAnalysis/
ArticleAnalysis.aspx）。

念被提出。"韧性系统"于1973年由加拿大生态学家霍林（Holling）首次提出，其将韧性的思想应用到系统生态（Systems Ecology）的研究领域[1]。自20世纪90年代以来，对韧性的研究逐渐从自然生态学向人类生态学延展，韧性进入城市研究领域。韧性城市作为可持续发展理论的2.0版本兴盛于21世纪初的西方城市研究视野，广泛分布于城市生态学、防灾学、管理学和社会心理学等多个领域，并在近几年与复杂性科学擦出火花。2013年后，国内兴起韧性城市研究热潮，但基本停留在概念引入与应用的阶段。目前各个学科领域不同侧重的研究没有统一的分析框架，具体的城市韧性对策将统一的城市系统割裂看待，且缺少具体的理论体系和方法论指导。

总体来看，关于韧性城市的研究很多且呈增加趋势。因此本书基于已有

① Holling, C. S. Resilience and stability of ecological systems[J]. Annual Review of Ecology and Systematics, 1973 (4): 1-23.

文献，从城市韧性与韧性城市研究、城市韧性与城市系统研究以及CAS理论研究几个方面进行述评。

2.2 韧性理论与韧性城市研究综述

2.2.1 韧性（Resilience）概念研究综述

Resilience一词最早来源于拉丁语"Resilio"，其本意是"恢复到原始状态"。韧性概念随着时代的演进也被应用到了不同的学科领域。19世纪中叶，伴随着西方工业发展进程，韧性被广泛应用于机械学，用以描述金属在外力作用下形变之后复原的能力。20世纪50～80年代，西方心理学研究普遍使用"韧性"描述精神创伤之后的恢复状况。城市是复杂的社会—生态系统，韧性思想也被应用到城市研究中，为韧性城市理论的形成奠定了思想基础。Resilience在各英文词典中的词语释义如表2-1所示。

Resilience在各英文词典中的词语释义　　　　表2-1

英文字典	时间（年）	释义
Encyclopedia Britannica（大英百科全书）	1824	1. The capability of a strained body to recover its size and shape after deformation caused especially by compressive stress（受到压力的物体在受力变形之后恢复其大小与形状的能力，特别是受力应力）
		2. Ability to recover from or adjust easily to misfortune or change（从灾难和改变中恢复或容易适应的能力）
The Oxford English Dictionary（牛津英语词典）	1933	1. The (or an) act of rebounding or springing back（反弹或回弹的动作）
		2. Elasticity（弹性）
The America Heritage Dictionary（美国传统词典）	1994	The ability to recover quickly from illness, change or misfortune（从疾病、变化、灾难中迅速恢复的能力）
The Merriam·Webster Dictionary Online（韦氏在线词典）		An ability to recover from or adjust easily to misfortune or change（从灾难和改变中恢复或容易适应的能力）

续表

英文字典	时间（年）	释义
The Webster's New World Dictionary Thesaurus （韦氏新世界词典）	1998	Its ability to bounce or spring（反弹或弹回的能力）
A Dictionary of Environment and Conservation （环境保护词典）	2007	The rate at which a system regains structure and function following a stress or perturbation（在受到压力和干扰之后，系统恢复结构和功能的速度）
The Collins English Dictionary （柯林斯英语词典）	2010	1. (Of a person) recovering easily and quickly from misfortune or illness（人从灾难或疾病中能容易地、迅速地恢复的能力）
		2. (Of an object) capable of regaining its original shape or position after bending or stretching（物体在弯曲或延伸之后，恢复其原始形态或位置的能力）

在各大英文字典中，Resilience 一词的解释不尽相同，但主要围绕应对干扰和压力的反弹、恢复和适应能力等方面。引入中国后，有"韧性""弹性"和"恢复力"几种翻译版本。笔者在比较其各自内涵的基础上，认为"韧性"一词，除了回弹、恢复的内涵之外，还体现了其保持稳定和转型发展的自身属性和能力，因此在本研究中采用"韧性"一词。Resilience 一词的中文解释如表2-2所示。

2.2.2 韧性理论与社会—生态系统研究综述

生态学家霍林关于生态系统韧性的原创性论文作为现代韧性理论的起源经常被后世学者引用。霍林的研究是整个共被引网络中最大的节点（图2-6），由此可确认其在韧性研究领域至关重要。通过识别出生态系统动态性与多种稳定状态并存的特点，霍林的研究明显背离了传统生态学的"稳定性"范式。霍林有效地使用韧性来描述一个生态系统在面临改变时持续发挥作用，或者说是坚持，但不一定保持原样的能力。这一点与工程韧性相悖，工程韧性专注于均衡或稳定性的单个状态，一个恢复系统可能在受到干

Resilience中文解释比较

表2-2

中文词典		辞海（典藏本上海辞书出版社）	大辞海·语词卷（上海辞书出版社）	汉语大词典，全23册（上海辞书出版社）	综合总结
韧性		1. 受外力作用时，物体产生变形但不折断的性质。如：这种材料韧性很好 2. 比喻顽强持久的精神，如韧性的战争	1. 物体受外力作用时，产生变形但不折断的性质 2. 比喻顽强持久的精神的战争	1. 物体柔软坚实，不易折断破裂的性质 2. 指顽强持久的意志	1. 物体柔软坚实，不易折断破裂的性质 2. 指顽强持久的精神，坚韧不拔的意志
弹性		1. 材料或物体在外力作用下产生变形，若除去外力后变形随即消失的称"弹性变形"或"弹性形变" 2. 比喻事物的可多可少、可大可小等伸缩性。如：弹性外交	1. 物体受外力作用变形后，除去作用力时能恢复未形态的性质 2. 比喻事物的可多可少、可大可小等伸缩性。如：弹性外交	1. 物体受外力作用力时能恢复原状的性质 2. 比喻事物的可多可少、可大可小等伸缩性	1. 物体受外力作用变形后，除去原来形态的性质 2. 比喻事物的可多可少、可大可小等伸缩性
恢复力		收复、指收复失地，班固《东都赋》："茂育羣生，恢复疆宇。"亦用为恢复原状之意	收复、指收复失地，班固《东都赋》："茂育羣生，恢复疆宇。"亦用为恢复原状之意	凡失而复得或得恢复原状皆称"恢复"	失而复得或恢复原状

扰以后恢复到这种状态[1]。

目前，动态均衡韧性是生态学的范式，霍林关于韧性的论文引发大量针对社会—生态学的研究。在社会—生态系统框架内，韧性通常被定义为：系统的一种能力——经历改变时，吸收干扰和重组，以便维持所必需的相同职能、结构、特性和反馈[2]。相关研究直接促成"韧性联盟"的组建，该联盟是一个致力于韧性思考的跨学科研究网络。"韧性联盟"的关键成员携手合作开发出扰沌模型，该模型是一项必要的启发式理论，用于理解复杂的系统如何通过多尺度、自适应性的破坏与重组循环不断演进。因而这一理论从霍林的"可测量、可描述概念"的定义延伸到"一种思考的方式"[3]。因此，韧性从一个积极的系统特征演变成为一种规范化的愿景。

不同的学术起源以及不同研究传统的世系所造成不同学科研究的侧重点不同[4]，有的学者强调缓冲力[5]，有的强调灾后恢复的速度[6]，但均认为韧性最基本的含义是系统化解外来冲击且维持其主要功能的能力。韧性从早期一维的生态视角扩展到目前的四维——生态、技术、社会和经济。霍林，是一位将韧性思维应用于实际行动的科学家，他也将韧性思维用于描述世界状态，并提出发生全球性释放阶段的可能性。霍林还提出了多尺度上的适应性循环以及逆向循环在创造空间和新机遇方面的重要性[7]。阿德格（Adger）

[1] Holling, C. S. Engineering resilience versus ecological resilience[M]// P.Schulze. Engineering within ecological constraints. Washington, D.C.: The National Academies Press, 1996: 31-43.

[2] Walker B, Salt D, Reid W. Resilience Thinking: Sustaining Ecosystems and People in a Changing World[M]. Washington, D.C.: Island Press, 2006.

[3] Folke, C. Resilience: The emergence of a perspective for social-ecological systems analyses[J]. Global Environmental Change, 2006, 16 (3): 253-267.

[4] Zhou H, Wang J, Wan J, et al. Resilience to natural hazards: a geographic perspective[J]. Natural Hazards, 2010, 53 (1): 21-24.

[5] Holling, C. S. Resilience and stability of ecological systems[J]. Annual Review of Ecology and Systematics, 1973 (4): 1-23.

[6] Bruneau, M. et al. A framework to quantitatively assess and enhance the seismic resilience of communities[J]. Earthquake Spectra, 2003, 19(4): 733-752.

[7] Holling, C. S. From complex regions to complex worlds[J/OL]. Ecology and Society, 2004, 9 (1): 2011. www.ecologyandsociety.org/vol9/issl/artll/.

提出具有韧性的社会—生态系统自身具备的优势，以及这类系统如何凭借这种优势承受变化和意外冲击，并从中吸取教训以提高自身弹性——即使这些冲击是大范围发生的海啸和飓风[①]。基于复杂的系统理论，Berkes研究了人类社会如何处理并提升自身能力以适应相互关联的社会—生态系统的变化[②]。*Panarchy: Understanding transformations in human and natural systems*（《扰沌：理解人类与自然系统的转型》）[③]这本书由多位专家编著，其中的内容构成了韧性理论框架的基础。该书陈述了韧性理论的思维、内容及其影响，也对社会—生态系统动态特征的一系列理论与经验观点提出了挑战。Jen在*Robust design: A repertoire of biological, ecological and engineering case studies*》（《强健设计：一份生物、生态和工程案例研究的报告》）[④]一书中对稳健性的研究着眼于系统在遭遇干扰时保存其特性的能力。韧性和稳健性尽管在着眼点和内容上有所不同，但它们仍然是两个相互关联的概念。本书探索了它们之间的差别，并讨论了具有不同形态和规模的复杂系统的稳健性。

Walker和Salt的著作*Resilience Thinking*（《弹性思维》）[⑤]，大量运用个案分析以及弹性联盟的研究，深入浅出地分析了一系列环境问题，全景式地展示了韧性理论的框架，为城市扰动问题研究提供了有力的理论基础。韧性内涵的溯源与演变如图2-9所示。

---

① Adger W, Hughes T, Folke C, et al. Social-ecological resilience to coastal disasters[J]. Science, 2005, 309 (5737): 1036–1039.

② Berkes, F., J. Colding, C. Folke. Navigating socio-ecological systems: Building resilience for complexity and change [M]. Cambridge: Cambridge University Press, 2004.

③ Gunderson, L. H, Holling, C. S. Panarchy: Understanding transformations in human and natural systems[M]. Washington, D. C.: Island Press, 2004.

④ Jen, E. Robust design: A repertoire of biological, ecological and engineering case studies[M]. Oxrford: Oxford University Press, 2005.

⑤ Walker B, Salt D, Reid W. Resilience Thinking: Sustaining Ecosystems and People in a Changing World[M]. Washington, D.C.: Island Press, 2006.

1950	1950—1980	1973	1990	2000	2010
物理学	**心理学**	**生态学**	**城市防灾**	**经济、社会**	**复杂科学**
表示物体发生形变后恢复至原来状态的一种性质	描述精神创伤之后的恢复情况	应对气候变化和减缓自然灾害时，"系统能够较快恢复到原有状态，并且保持系统结构和功能的能力"（Holling）	从城市防灾、减灾的角度提出韧性的概念（Godschalk）	从最初防御和减少自然灾害造成的影响，扩展到了经济和社会领域	城市或城市系统能够消化并吸收外界干扰，并保持原有主要特征、结构和关键功能的能力（Alliance）

图2-9　韧性内涵的溯源与演变

2.2.3　韧性城市研究综述

国内外学者分别提出了"韧性城市"定义，有些将城市作为社会—生态系统（SES），有些将城市作为复杂适应系统（CAS），并带有城市地方特点。

学界对于城市韧性的特点提法虽有不同，但反映出了社会—生态系统（SES）和复杂适应系统（CAS）的一些共性，包括：多样性、冗余性、适应性、高效应、协作性、地方性。国内外对于韧性城市定义的界定如表2-3所示。

国内外对于韧性城市定义的界定　　　　　　表2-3

提出者（机构）及时间	定义	特点
韧性联盟（Resilience Alliance），1999年成立后（Alliance，2010）	城市或城市系统能够消化吸收外界干扰，并保持原有主要特征、结构和关键功能的能力	吸收力、稳定性
国际地方政府环境行动理事会（ICLEI），2002年	城市能够吸收冲击和压力，恢复和维持其功能、结构和特性，在持续的变化中使城市具有适应力并持续保持繁荣	吸收力、恢复力及稳定性
韧性城市组织（Resilient City.org），2000年以后	城市能够吸收来自于社会、经济、技术和基础设施系统的冲击和压力，并保持系统维持原有的结构、关键的功能和特性	吸收力、稳定性
大卫·戈德沙尔克，2003年	韧性城市是一个由物质系统和人类社区组成的可持续网络，具有承受剧烈冲击而不引起混乱或永久性破坏，并从自然灾害冲击中恢复的能力	可持续性、承受力、恢复力

续表

提出者（机构）及时间	定义	特点
联合国政府间气候变化专门委员会（IPCC），2007年	描述一个系统能够吸收干扰，同时维持同样结构和功能的能力，也是自组织、适应压力和变化的能力	吸收力、稳定性、适应性
联合国国际减灾战略（UNISDR），2009年	一个系统、社区或社会暴露于危险中时能通过及时有效的方式抵抗、吸收、适应并且从其影响中恢复的能力	吸收力、恢复力
Alberti，2012年	城市系统结构和过程变化充足之前所能够吸收与化解变化的能力与程度	吸收力、适应性
陈志端、仇保兴、陈鸿，2013年	韧性城市是指能够抵御城市安全风险，并通过坚持使得其主要特征和功能不受明显影响，又具有调整恢复和适应提升能力的城市	坚持力、恢复力、提升力
洛克菲勒基金会，2013年	城市中的个体、社区、机构，城市机能和城市大系统无论受到何种慢性压力和急性冲击的影响都具备的生存、适应和成长的能力	承受力、适应力、发展
纽约市长办公室，2013年	韧性城市首先具有有效的防护体系使城市得到保护，并能够缓和气候变化带来的影响，产生适应力；其次，当城市防护体系被不定时的灾害事件冲击后，能够比较快速地恢复	防护性、适应性、高效性
周蜀秦，2015年	城市的经济、社会、政治、文化及物质环境等各个系统应对外部干预，吸收与化解压力及变化，并仍旧保持其基本结构和功能的能力	吸收力、稳定性
卢文超，2015年	韧性城市是指在慢性压力和急性冲击的影响下，城市或城市系统能够消化、吸收外界干扰，并保持原有主要特征、结构和关键功能，且不危及城市中长期持续发展	消解力、稳定性、可持续性
范维澄，2015年	城市系统适应不确定性的能力	适应性
石婷婷，2016年	为了加强城市的自适应性，确保城市在遭受不确定或突发城市灾害时能够快速分散风险并恢复稳定的自动调整能力	自适应性、稳定性

澳大利亚科廷大学教授兼可持续政策研究所主任皮特·纽曼（Peter Newman）在《弹性城市：应对石油峰值和气候变化》一书中提到：韧性城

市需要建立一个可恢复系统，可以适应各种变化，如交通和土地使用系统的多样性以及可用多种可再生能源来发电，这样就使得一个城市在能源紧缺的情况下也能生存。书中界定了韧性城市的未来情景，确定了一系列韧性城市建成环境的要素，并面向韧性城市目标提出了10项规划策略。

2002年，联合国开发计划署等国际组织提出了"韧性城市"的理念。2003年，玛丽娜·艾伯特（Manna Albert）将韧性城市定义为城市一系列结构和过程变化重组之前所能够吸收与化解变化的能力与程度。2005年，劳伦斯·韦尔（Lawrence vale）和托马斯·坎帕内拉（Thomas Campanella）在其著作《韧性城市：现代城市如何从灾难中复兴》中揭示了城市在经历战争或自然灾害等突发重创之后如何很好地恢复并进一步发展适应能力。近年来，气候变化、资源枯竭、生态过载、环境污染和经济结构局部失衡等问题所造成的城市灾害严重地冲击了城市的自我调节能力，因此，城市脆弱性的问题成为制约城市永续发展的核心问题，韧性城市理念逐渐被确认为新一代规划理论的主要观点。国际上自发组建的"韧性联盟"（Resilience Alliance）、"韧性组织"（Resilience Organization）和"韧性城市组织"（Resilient City Organization）等专业性学术或产业交流合作组织，与一些政府研究机构设计出了多种韧性城市的指标体系。2009年，彼得·纽曼（Peter Newman）、蒂莫西·比特利（Timothy Beatley）与希瑟·博耶（Heather Boyer）在此基础之上提出了通向韧性城市的10项战略步骤：从区域到单体建筑各层面实现可再生能源技术应用；每个家庭、社区及办公区实现碳中和；构建以社区为单位的小型分散化供电、供水和废物处理系统；开发利用可再生能源，并充分挖掘本地食品及衣物的供给潜力，将其作为城市绿色基础设施建设的重要组成部分；将城市群及其周边区域从线形系统转变为生态高效的环状封闭系统；发展可持续的公共交通等。

近年来，"韧性"逐渐被应用到城市研究与规划中，出现了"韧性城市"的概念。艾伯蒂（Alberti）对韧性城市的定义是：城市一系列结构和过程变化重组之前，所能够吸收与化解变化的能力与程度。韧性联盟则认为韧性城市是城市或城市系统能够消化吸收外界干扰，并保持原有主要特征、结构和关键功能的能力。布鲁诺（Bruneau）提出了"TOSE"框架，进一步丰富了韧性城市的内涵，该框架由4个相互关联的要素组成，分别是技术韧性、组织韧性、社会韧性和经济韧性。其中，技术韧性指城市基础设施对灾难的应对和恢复能力，如建筑物的庇护能力，交通、供水、供电和医疗卫生等基础设施和生命线的保障能力；组织韧性主要指当地政府机构的管治能力，特别是灾难发生时和发生后政府行使组织、管理、规划和行动的能力；社会韧性反映了不同社会群体对风险因素的响应能力和恢复力的差异，这种差异主要缘于人口的属性特征差别，不同性别、年龄、种族、健康状况和社会经济地位的社会群体在面对风险和灾难时，会呈现出不同的状态和应对能力，如极端高温气候对老年人群体的健康影响往往更大，而年轻人的韧性相对更强；经济韧性主要体现在就业水平、经济多样性以及灾害发生时的经济系统运行能力，另外还包括城市的自给能力，如灾难发生时，食品、水和生活用品的自我供给能力。

韧性城市概念提出后，已经快速扩展并应用到多个研究领域，如气候变化与韧性城市；城市灾害规划、管理和恢复；城市水资源管理与适应；城市规划与设计中的韧性思维等。在规划实践领域，相关学者也应用韧性城市理念开展了系列探索。纽曼在其《弹性城市：应对石油紧缺与气候变化》一书中界定了韧性城市的未来情景，确定了一系列韧性城市建成环境的要素，并面向韧性城市目标提出了10项规划策略。

2.3 复杂适应系统理论与城市系统理论研究综述

城市系统是一个规模庞大、结构复杂、变量众多的开放大系统。鉴于其复杂性，近年来，国内外一些学者已开始利用系统理论、复杂性理论、自组织理论、混沌理论和不确定性理论等，来研究韧性城市系统问题。

2.3.1 复杂适应系统理论的发展历程

系统科学的发展可分为两个阶段。第一阶段以第二次世界大战前后控制论、信息论和一般系统论等的出现为标志，主要着眼于他组织系统的分析。传统的系统论由理论生物学家L.V.贝塔朗菲（L.Von.Bertalanffy）创立。他在1932年提出开放系统理论，1937年提出了一般系统论原理，奠定了这门科学的理论基础。1968年贝塔朗菲的《一般系统理论：基础、发展和应用》一书确立了这门科学的学术地位，被公认为是这门学科的代表作。贝塔朗菲临终前发表了《一般系统论的历史与现状》一文，探讨系统研究的未来发展。此外，他还与拉维奥莱特（A. Laviolette）合写了《人的系统观》一书。第二阶段以耗散结构论、协同论、超循环论等为标志，主要着眼于自组织系统的研究。信息学家魏沃尔指出：19世纪及其之前的科学是简单性科学；20世纪前半叶则发展起无组织复杂性的科学，即建立在统计方法上的那些学科；20世纪后半叶则发展起有组织的复杂性的科学，主要是自组织理论。而进入21世纪以后，复杂适应系统理论越来越被众多学科接受，广泛应用在生态、社会、经济、管理、军事等复杂系统的模拟研究中。

复杂适应系统理论作为复杂性科学的重要分支，是复杂系统理论的升华和结晶。它的提出为人们认识、理解、控制、管理复杂系统提供了新的思路。该理论虽然提出不久，但是由于其思想新颖和富有启发，已经在许多领域得到了应用，推动着人们对于复杂系统的行为规律进行深入研究[①]。

2.3.2　城市系统研究的发展历程

城市系统作为一个社会—生态系统复杂巨系统，对其的研究主要是从系统论的角度展开，经历了三个阶段。

第一阶段（1920—1960年）：第一代系统论奠定了系统思想，强调整体性、有序性和目的性，城市与区域系统概念逐渐形成。

第二阶段（1960—1980年）：第二代系统观主要对系统演化行为、性质和过程进行研究，采用物理实验、数学模型、计算机模拟等技术方法，计量地理、RS、GIS等方法技术在城市规划中的应用。

第三阶段（1980年至今）：美国圣塔菲研究所提出复杂适应系统理论，形成了新的一代系统观，地理元胞自动机（CA）与城市动态演化模拟兴起。

---

① 陶倩，徐福缘. 基于机制的复杂适应系统建模[J]. 计算机应用研究，2008，25（5）：1396-1399.

2.3.3　复杂适应系统理论在城市系统研究中的应用优势

复杂系统理论以其综合性、跨学科性和方法论的普适性等优点获得了众多城市系统研究学者的青睐，目前应用于城市系统的复杂性理论主要有元胞自动机（Cellular Automata，简称CA）、遗传算法（Genetic Algorithm，简称GA）和复杂适应系统（Complex Adaptive System，简称CAS）等，利用这些方法研究城市已经构成城市系统研究的前沿。

CAS理论是美国约翰·霍兰（John Holland）教授于1994年正式提出的，它的提出对于人们认识、理解、控制、管理复杂系统提供了新的思路。CAS理论包括微观和宏观两个方面。在微观方面，CAS理论最基本的概念是具有适应能力的、主动的个体，简称主体。这种主体在与环境的交互作用中遵循一般的刺激—反应模型，所谓适应能力表现在它能够根据行为的效果修改自己的行为规则，以便更好地在客观环境中生存。在宏观方面，由这样的主体组成的系统，将在主体之间以及主体与环境的相互作用中发展，表现出宏观系统中的分化、涌现等种种复杂的演化过程。

传统的研究方法面对城市系统组元数量众多、组元之间耦合作用强烈、外界环境影响巨大的特点时，往往无能为力[1]，主要表现在：微观层面的经济实体或地理单元的相互作用不能够有效反映出来；宏观层面的研究成果往往基于极强的假设，不具有普适效应，与微观层面脱节，缺乏必要的联系；都是由上而下的城市研究方法，未能从组元的相互作用出发，由下而上从机理上阐述城市系统的原理和结构演化的动力学方程。

2.4　韧性城市规划研究综述

韧性城市规划研究[2]从语义上理解，包括"韧性"的城市规划研究和"韧性城市"规划的研究。"韧性"的城市规划研究主要体现对于规划方法的灵

① 田井涛. 城市系统发展模式的复杂性理论与应用[D]. 天津：天津大学：2009.
② Chen, Z., Qiu, B. Resilient Planning Frame for Building Resilient Cities[C]//Chen X., Pan Q.Building Resilient Cities in China: The Nexus between Planning and Science. GeoJournal Library, Springer, Cham. 2015: 33-41.

活性的研究，其意义应该是包含在"韧性城市"规划的研究内的。韧性城市规划的研究不仅强调方法，更强调目标、原则以及机制。

2.4.1 "韧（弹）性"的城市规划

"Resilient Urban Planning"中的"Resilient"在中文中一般有"韧性"和"弹性"两个词来对应。"韧性"的城市规划在国内很少提及，一般"弹性"的城市规划提得比较多，其实仔细推敲会发现二者内涵区别很大。韧性规划远比弹性规划包含的内容多，韧性规划以韧健为目标，而弹性规划则一般指方法的弹性。

"弹性"概念引入城市规划领域最初是为了应对市场的变化。盛科荣认为现代城市经济的发展带有较大的偶然性，传统刚性的城市规划不能适应城市建设的需要，弹性工作方法将成为新阶段城市规划的发展方向[①]。在富有弹性的城市规划中，城市人口规模预测、城市用地布局规划和城市发展政策，是单值和值域的集合，具有较大的灵活性和不完全确定性，从而能够保持城市规划具有整体稳定性下的可调性。

显然，这里所提到的弹性规划是狭隘的，市场的变化只是城市要应对的一个方面，现在城市要面对的变化与冲击越来越多，需要运用更加广泛的"弹性的规划"来构建"韧性的城市"。

随着城市化的推动、中心城的疏解，国内越来越多的城市相继提出了新城发展战略。作为我国社会和经济发展的必然产物，新城建设是一种手段，同时也是一种契机。不过，在其建设中出现了用地结构不合理、城市综合功能缺失等问题，逐渐妨碍新城健康、持续发展。

对于新城建设来说，土地是其重要的生产要素，为了有效提高土地的利用率，扩大新城可持续发展的资金积累和空间，城市土地利用规划应该调整思路，摸索适合新城健康发展的规划方法，努力解决其难点。

土地弹性控制方法是一种将传统静态模式转化为动态模式的规划方法，主要通过局部的弹性控制用地来实现城市规划的法规严肃性与城市发展的动

---

① 盛科荣，王海. 城市规划的弹性工作方法研究[J]. 重庆建筑大学学报，2006，28（1）：4-7.

态可变性的和谐统一。灰色用地作为国内研究出来的一种弹性控制用地，重在解决工业用地未来"退二进三"时产生的矛盾，通过分阶段规划促进土地价值的最大化。研究灰色用地在新城规划中的应用，保证新城真正实现可持续发展，是当前的迫切任务。

"弹性"城市规划的提出，还有一个原因是规划本身具有刚性。刚性规划产生的弊端需要弹性规划来弥补。徐伟概述了城市规划弹性的含义、理论依据、程序与有穷力度及无限反复的特性，并从三个方面提出正确把握不同规划阶段的弹性，指出规划的弹性即规划的伸缩性，规划应有一定的回旋余地，是不断深化、不断补充完善的规划。

2.4.2 "韧性城市"的规划

国外"韧性城市"的规划研究首先是在城市减灾规划[①]以及灾后重建规划[②]方面。

克雷格（Craig Applegath）是ResilientCity.org网站的创始成员和主持人，该网站指出：我们正面对气候变化、能源短缺、人口增长的挑战，为了提高城市自身的韧性，需要通过城市规划和建筑设计策略，使城市拥有更强的自适应能力，更好地应对将面临的经济、社会和生态问题。网站还列出十一项城市设计原则和八大建筑设计原则。

在探索新型城镇化的研究中，生态、智慧和低碳等概念的讨论和实践方兴未艾，但是有关韧性城市规划的研究还很少。而在西方规划领域，韧性理论已迅速获得规划研究者的广泛关注。欧洲规划院校联盟于2010年组织了韧性城市专题讨论会，并于2013年7月与美国规划院校联盟联合召开以"为韧性城市和区域而规划"为主题的年会。第七届国际中国规划学会年会于同年在上海举办，主题为"创建中国弹性城市与科学"。地方政府环境行动理事会已经主办第三届"城镇韧性和适应能力"全球论坛。西方规划研究者认为

---

① Godschalk, David R.Urban Hazard Mitigation: Creating Resilient Cities[J]. Natural Hazards Review, 2003, 4(3): 136-143.

② Lawrence J. Vale, Thomas J. Campanella. The Resilient City: How Modern Cities Recover from Disaster[J]. Journal of Historical Geography, 2007, 33 (2): 458-459.

韧性概念的吸引力在于它有很强的可塑性，能跨越学术、政策和实践讨论的灰色地带，为可持续城镇发展研究提供跨学科合作的舞台。

通过以上的文献分析和研究综述，可以发现：

在城市系统理论研究方面，应多从系统论出发，分析环境现象与社会以及自然系统之间的联系，分析部分与整体之间的关系；将生态学基本概念及理论应用到社会经济系统。目前已经开始重视城市作为复杂巨系统的若干特征的研究。

在韧性城市理论研究方面，将韧性理念应用于城市的研究近年开始成为新的关注点。但是目前的研究一方面主要集中于个别的或是比较小的城市韧性影响因素，缺乏对韧性城市的综合考虑，特别是对城市环境和空间的韧力表现没有形成系统化的思考，以至于对韧性城市概念的描述各自产生了偏差。另一方面研究多分散在城市生态、防灾、工程等单项的研究领域，并没有针对整体城市系统的完整研究成果，缺乏整体观下的韧性城市理论研究。

而对于复杂适应系统理论与韧性理念之间的内在联系，以及如何将二者理念批判性地吸收，并应用在城市系统研究及对城市规划的指导应用中的相关研究，目前尚属空白，这也正是本研究着眼的角度。

第3章
城市扰动与韧性城市系统的关系研究

在影响城市系统的众多因素中，城市扰动因素一般并非主导因素。但在不同的城市发展阶段与不同的城市发展环境中，城市扰动因素的影响强度会有所变化，有时可能会成为直接影响城市系统的主要因素。因此很有必要对城市韧性与城市系统的相互关系进行研究，这种关系研究主要运用定量和定性结合的专家问卷法。

3.1 城市扰动的范畴与分类

3.1.1 城市扰动的研究范畴界定

对一个特定的主体来说，韧健在客观上首先应该是一种状态，是一种主体与客体之间、自然与社会之间以及人类社会生活的各个方面之间在相互依赖、相互制约中，能够保持一种动态均衡、协调发展的相对稳定状态。如果把扰动主体作为一个系统来看，那么在韧健状态下系统各因素之间能够按照自身本来的轨迹自由运转，不会受到外部扰动而脱离轨道。

本研究着眼分析的城市扰动，是指在城市运行和发展过程中，造成或者可能造成重大人员伤亡、财产损失、生态环境破坏、城市秩序紊乱和严重社会危害，危及城市有序运行和持续发展的事件和发展趋势，其中包含了快速突发的事件（急性冲击）和缓慢发展的趋势（慢性压力）。

3.1.2 城市扰动的分类体系研究

为了全面了解城市扰动，笔者综合借鉴红十字与红新月会国际联合会（IFRC，International Federation of Red Cross and Red Crescent Societies）、联合国减灾署（UNDRR，The United Nations Office for Disaster Risk Reduction）、国家减灾委员会（NCDR-CHINA，China National Commission for Disaster Reduction）等机构对相关城市各类大型冲击和干扰事件的分类，将城市扰动进行以下分类（表3-1）。

根据冲击的来源、作用领域和时空影响特征，城市系统面临的外部冲击可以分为急性冲击（Acute Shocks）和慢性压力（Chronic Stresses）两大类。前者会对城市系统造成急性冲击，后者会对城市系统带来慢性压力。

城市扰动分类体系表　　　　　　　　　　表3-1

大类	中类	小类	典型扰动
急性冲击 Acute Shocks	自然灾害 Natural hazards	地理灾害 geophysical	地震 earthquake
			滑落（干）mass movement（dry）
			海啸 tsunami
			火山 volcanic eruption
		水文灾害 hydrological	洪水 flood
			滑落（湿）mass movement（wet）
		气候灾害 climatological	干旱 drought
			野火 wildfire
		气象灾害 meteorological	极温 extreme temperature
			风暴 windstorm
		生物灾害 biological	传染病疫情 epidemic
			动物瘟疫 animal plague
			虫害 insect plague
	技术/人为灾难 Technological or man-made hazards	工程事故 industrial accident	火灾与爆炸 fire and explosions
			核爆炸与辐射 nuclear explosion and radiation
			化工泄漏与污染 chemical leakage and pollution
			工矿事故 mining accident
			建设工程事故 construction accident

续表

大类	中类	小类	典型扰动
急性冲击 Acute Shocks	技术/人为灾难 Technological or man-made hazards	工程事故 industrial accident	公共设施事故 public facilities accident
		交通事故 transport accident	道路交通事故 road traffic accident
			公共交通运行事故 traffic accident of public transport
			交通拥挤 congestion
		社会事件 miscellaneous accident	饥荒和粮食危机 famine and food insecurity
			流离失所/无家可归 displaced population
			复杂的紧急情况 complex emergencies
			恐怖袭击 terrorist attacks
慢性压力 Chronic Stresses	资源环境威胁 Resource environment threat	气候变化 climate change	全球变暖 global warming
			海平面上升 global sea level rise
			极端天气频发 extreme weather
		能源危机 energy crisis	能源短缺 energy shortage
			能源安全 energy security
	社会经济危机 Social economic crisis	无序城镇化 unplanned urbanization	城市灾难频发 urban disasters
			贫民窟 slum
			社会分异 social differentiation
			生态环境恶化 environmental degradation
		发展不足 underdevelopment	抗灾能力弱 resilience weak
			贫困 poverty
		经济危机 economic crisis	产业衰退 industrial recession
			金融危机 financial crisis
			股市动荡 stock wobbles

3.1.3　城市急性冲击（Acute Shocks）

急性冲击是由自然以及人为因素造成的快速突发事件，主要分为自然环境和人工干预两大冲击来源，分别可造成自然灾害和技术或人为事故。其中自然灾害是自然发生的物理现象造成的快速或缓慢发生的冲击事件。技术或人为事故是指由人类引起的、发生于人类聚居区、对人的生命财产安全造成威胁的冲击事件。

1. 自然灾害（Natural hazards）

城市各类自然灾害特征描述表详见表3-2。

城市各类自然灾害（Natural hazards）特征描述表　　　表3-2

小类	典型扰动	特征描述
地理灾害 geophysical	地震 earthquake	地震是严重的自然灾害之一，地球上板块与板块之间相互挤压碰撞，造成板块边沿及板块内部产生错动和破裂，是引起地震的主要原因。地震常常造成严重人员伤亡，建筑物遭到破坏，能引起火灾、水灾、有毒气体泄漏、细菌及放射性物质扩散，还可能造成海啸、滑坡、崩塌、地裂缝等次生灾害
	滑落（干） mass movement（dry）	指地理灾害因素导致的山崩、滑坡、落石、沉降、塌陷、蠕动等块体运动。对人类的干扰和破坏极为严重，如人身伤亡，毁坏生产、生活设施，严重破坏地表结构等。此外还会发生块体运动之间的转化，如滑坡向崩塌转化、蠕动向滑坡转化等。也是一种次生灾害的表现形式；伴生灾害，火山活动、地震活动、洪涝灾害、飓风和台风等所伴生的块体运动造成的灾害，这种伴生灾害所造成的损失有时甚至超过地震等本身的灾害
	海啸 tsunami	由海底地震、火山爆发、海底滑坡、陨石撞击或气象变化产生的破坏性海浪，波长可达数百公里，可以传播几千公里而能量损失很小，震荡波在海面上以不断扩大的圆圈，对沿海地区和内地产生强大的破坏性影响
	火山 volcanic eruption	火山熔浆和气体从火山口喷出。火山爆发会造成大量的人口移动、粮食的暂时短缺和火山灰山体滑坡（火山泥流）
水文灾害 hydrological	洪水 flood	由暴雨、急骤融冰化雪、风暴潮等自然因素引起的江河湖海水量迅速增加或水位迅猛上涨的水流现象，包含波浪，潮涌。在各种自然灾害中，洪涝是最常见且又危害最大的一种。洪涝灾害不但直接引起人员伤亡和财产损失，还造成一系列其他灾害如滑坡、泥石流、疫病的出现
	滑落（湿） mass movement（wet）	水文因素导致的块体运动，包括沉陷、岩崩、雪崩、滑坡、落石等。如块体运动堵断江河、壅塞成湖，使上游泛滥成灾，溃决后又冲蚀下游沿江地带，引起水库、湖泊、海洋等水体的涌浪、诱发重力型地震等，造成严重损失

续表

小类	典型扰动	特征描述
气候灾害 climatological	干旱 drought	一般为长期现象，干旱不同于其他突发性灾害，它随时间推移可以逐渐摧毁一个区域。严重的干旱持续多年，对农业和水资源造成极大的破坏影响
	野火 wildfire	通常发生在荒地，是一种不受控制的燃烧的火，可能会导致林业、农业、基础设施和建筑物的破坏
气象灾害 meteorological	极温 extreme temperature	包括热浪和寒潮。热浪可导致空气不流通和空气质量差，引起"城市热岛效应"；寒潮是大范围区域长时间的强降雪和极寒天气，随着霜冻它可能导致农业，基础设施，财产损失，引发的暴风雪可能导致洪水，风暴潮，封闭公路，封锁道路，电力线路倒塌和体温过低
	风暴 windstorm	是一种破坏性很强的灾害性天气系统，包括冬季风暴、热带风暴、飓风、台风、旋风、龙卷风、冰雹、沙尘暴、暴风雪、风暴潮等。可摧毁农作物、各种建筑设施等，造成人民生命、财产的巨大损失
生物灾害 biological	传染病疫情 epidemic	流行性传染病，通常指在一定区域和人群中，某个传染病的病例数的异常增加。有时是单独暴发，有时可能与另一种灾难，如热带风暴、洪水、地震等同时暴发。有些传染病也会造成人畜交叉感染等后果，威胁人们生命的同时，也影响城市运转和地方经济的发展。常见的传染病包括：病禽流感，霍乱，登革热，埃博拉病毒，疟疾，麻疹，黄热病，艾滋病，结核等
	动物瘟疫 animal plague	由致病微生物引起的，具有一定的潜伏期和临床症状并可以在畜群中相互传播的动物疫。流行传染病会危害人类健康，严重的疫情会造成死亡，一些传染病引起的死亡率不高，但是会降低畜禽的生产性能，带来重大经济损失
	虫害 insect plague	指由于某种昆虫的繁殖过量，吞食大量农作物，从而造成饥馑的自然灾害。严重的病虫害会传播疾病（如蚊、蝇传播），污染环境，对农林业造成巨大损失（如蝗虫灾害），造成经济损失

2. 技术/人为灾难（Technological or man-made hazards）

城市各类技术/人为灾难特征描述表详见表3-3。

城市各类技术/人为灾难（Technological or man-made hazards）特征描述表 表3-3

小类	典型扰动	特征描述
工程事故 industrial accident	火灾与爆炸 fire and explosions	火灾是指在工业生产生活中，人为因素导致的燃烧灾害，爆炸分为物理爆炸、化学爆炸。火灾和爆炸会污染环境，并对人的生命健康及财产安全造成威胁
	核爆炸与辐射 nuclear explosion and radiation	核武器或核装置在几微秒的瞬间释放出大量能量的过程，通过冲击波、光辐射、早期核辐射、核电磁脉冲和放射性污染等效应对人体和物体起杀伤和破坏作用，超出国际公认的安全等级
	化工泄漏与污染 chemical leakage and pollution	有毒物质或化学危险品在生产、储存、运输和使用过程中，由于人为或其他原因引起泄漏、污染环境或爆炸，造成生命财产损失和伤害的事故
	工矿事故 mining accident	天然气或煤粉尘与空气发生反应而发生瓦斯爆炸事故。瓦斯爆炸会产生高温、高压气体和强大冲击波，以及大量有害、有毒气体，这会造成人员伤亡，并可能引起火灾、烧毁设备、设施
	建设工程事故 construction accident	工程建设活动中突然发生的，伤害人身安全和健康，或者损坏设备设施，或者造成经济损失的，导致原工程建设活动暂时中止或永远终止的意外事件。亦指建设单位、施工单位、工程监理单位、设计单位违反国家规定，降低工程质量标准，造成安全事故的行为。事故一般分为特别重大事故、重大事故、较大事故
	公共设施事故 public facilities accident	生命线工程系统事故，包含供电工程系统事故、燃气工程系统事故、给水排水工程系统事故、网络与通信工程系统事故、特种设备事故等

续表

小类	典型扰动	特征描述
交通事故 transport accident	道路交通事故 road traffic accident	由于特定的人员违反交通管理法规造成的，也可以是由意外造成的，如由地震、台风、山洪、雷击等不可抗拒自然灾害所造成的。通常，道路交通事故类型按责任分主要有3种：机动车事故、非机动车事故、行人事故。交通事故对人的生命财产安全和社会安全带来巨大的危害
	公共交通运行事故 traffic accident of public transport	由于人为操作失误或者自然灾害引发的，发生在桥梁、隧道内的交通运输事故。影响周边社会的经济发展和公共交通系统，同时加大了爆炸、倒塌以及洪涝事件对人员伤亡和资产破坏的潜力
	交通拥挤congestion	指某一时空由于交通需求和供给产生矛盾引起的交通滞留现象。主要是道路交通设施所能提供的交通容量不能满足当前交通需求量而又得不到及时的疏通的结果。对人们的出行活动、生态环境质量都有一定影响
社会事件 miscellaneous accident	饥荒和粮食危机 famine and food insecurity	食品安全突发事件是具有多种成因的复杂灾难，如粮食短缺、产量锐减、价格上涨过快。粮食短缺会造成人们的营养不良，降低对疾病的抵抗力，可能暴发疾病。另外，饥荒可能推动居民外迁
	流离失所无家可归 displaced population	通常是由于突发情况，人们才会离开家园，如遭遇地震或洪水，威胁或冲突，而其他人们通常有意向回国。流离失所往往会导致人们进一步移动，成为移民
	复杂的紧急情况 complex emergencies	通常表现为：暴力的泛滥和生命损失；人群流离失所；社会和经济大范围的破坏等。通常有重大的安全风险
	恐怖袭击 terrorist attacks	极端分子人为制造的针对但不仅限于平民及民用设施的不符合国际道义的攻击方式。恐怖组织和恐怖分子使用一定的战术，引起人们的恐惧和迫使政府向其屈服。这些技术包括抢劫、刺杀、临时爆炸装置（如路旁炸弹）、生物和化学武器、自杀性炸弹和绑架，直接影响人类生活，也持久地影响国际政治、公民自由和经济

3.1.4 城市慢性压力（Chronic Stresses）

慢性压力通过资源环境的变化、社会经济的发展加剧直接冲击的干扰，可分为资源环境威胁和社会经济危机，包括气候变化、能源危机等多种冲击，这些冲击可导致直接冲击对于城市系统的干扰并增大干扰强度、提高干扰频率、增加干扰的复杂性。

1. 资源环境威胁（Resource environment threat）

城市各类资源环境威胁特征描述详见表3-4。

城市各类资源环境威胁

（Resource environment threat）特征描述表　　表3-4

小类	典型扰动	特征描述
气候变化 climate change	全球变暖 global warming	指全球的平均气温逐渐升高的现象。其原因可能是多方面的，如气候变化周期、温室效应等。气候变化已对中国的粮食安全、水安全、生态安全、能源安全、城镇运行以及民众财产安全构成严重威胁
	海平面上升 global sea level rise	是由全球气候变暖、极地冰川融化、上层海水变热膨胀等原因引起的全球性海平面上升现象。对人类的生存和经济发展是一种缓发性的自然灾害，它使沿海地区灾害性的风暴潮发生更为频繁，洪涝灾害加剧，滨海地区用水受到污染，破坏生态均衡
	极端天气频发 extreme weather	指一定地区在一定时间内出现的历史上罕见的气象事件，其发生概率通常小于5%或10%。总体可分为极端高温、极端低温、极端干旱、极端降水等几类，一般特点是发生概率小、社会影响大。可能会造成严重的自然灾害，影响人民的生产和生活
能源危机 energy crisis	能源短缺 energy shortage	指能源的供应不能满足人们生活和生产的需要的现象。影响社会发展，降低人们的生活水平
	能源安全 energy security	传统上，能源安全是指以可支付得起的价格获得的充足的能源供应。考虑到能源安全形势的新变化，当今的能源安全包括以下六个方面：物质安全、能源获取、国家能源安全体系、投资安全、环境安全以及能源安全（不仅仅局限于石油供应和油价安全）。影响经济发展速度（瓶颈）、国防建设及军事实力的增强、综合国力的提高、国民生活质量的改善

2. 社会经济危机（Social economic crisis）

城市各类社会经济危机特征描述详见表3-5。

城市各类社会经济危机（Social economic crisis）特征描述表　　表3-5

小类	典型扰动	特征描述
	城市灾难频发 urban disasters	具有人为性、严重性、多样性和复杂性等特点。造成城市灾害的主要原因有人与人、人与物、物与物之间的不协调以及城市规模过大等。城市灾害分类学上主要包括：城市灾害，城市大气污染、城市犯罪、城市公害、城市荒漠、城市垃圾、城市视觉灾害、城市雾、城市噪声等方面
	贫民窟 slum	联合国的贫民窟定义是最恶劣的住房条件，最不卫生的环境，犯罪和吸毒盛行的穷人避难所。地区特征：安全用水不足、卫生设施和其他基础设施不足，住房建筑结构差，人口过密，居住权没有保障。会导致各种社会问题的滋生，引发社会动荡
无序城镇化 unplanned urbanization	社会分异 social differentiation	城市区域发展的结构模式形成了城市社会空间分异的基本格局。尽管我国城市人口数量呈现密集化趋势，但由社会空间反而被城市居住空间分割开来，不同阶层的社会群体生活、工作、消费空间不同，导致弱势群体的社会空间被剥夺，隔离和分异出来。会给弱势群体带来心理上的不均衡，进而引发犯罪率和失业率提高，弱势群体教育问题等一系列社会问题的产生
	生态环境恶化 environmental degradation	在一定城镇区域内，如果人口数量及人类活动保持在一定范围内，人类与生态环境能够和谐相处；如果人口数量超过区域限制，人类活动超过环境的承载能力，那么必然会对环境带来不利影响。不利影响主要表现在两个方面：一方面，人口增多必然要消耗更多的资源，加速了对城市环境资源的掠夺；另一方面，人类活动增多必然会排放更多的废弃物，给环境的自我调控带来了更大的压力，一旦自我调控失衡，就会带来严重的环境问题
发展不足 underdevelopment	抗灾能力弱 resilience weak	城镇化的快速发展不仅要求城市人口按照一定比例增长，更要求与之相配套的城市基础设施、承灾能力、环境状况等满足城市发展的要求，因而城镇化的快速推进要求城市综合承灾能力不断提高。承灾能力主要是指承灾体所受自然灾害的能力，即把城市作为一个大的承灾体，其对某一种或多种突发自然灾害事故的预测能力、防御能力、救护能力和恢复能力

续表

小类	典型扰动	特征描述
发展不足 underdevelopment	贫困 poverty	是指由贫穷所直接导致或者衍生的一系列社会问题。贫困人口的出现在很大程度上是由灾害造成的,"因灾致贫""因灾返贫"是造成我国贫困人口数量居高不下的主要原因之一,是制约贫困农村脱贫致富的重要瓶颈因素。特征:自然条件恶劣,基础设施薄弱,教育卫生等基本社会服务水平低,贫困发生率高,贫困程度深,灾害风险应对水平低能力弱,脱贫难。在中国,贫困问题按照地域划分主要分为城市贫困问题及农村贫困问题。导致社会矛盾激化,不稳定因素增加,社会需求减少,影响经济发展
经济危机 economic crisis	产业衰退 industrial recession	是指一个地区或一个国家的产业结构中不适应市场需求变化、不具备区位优势、缺乏竞争力的产业群,在产业结构中陷入停滞甚至萎缩。这些产业生产成本不断上升,竞争力不断下降,富余下岗人员不断增多,不仅难以支撑经济发展,而且已经成为产业结构升级的障碍,衰退产业大量占有和消耗日益稀缺的土地、淡水等资源。同时,产品附加值低,污染物排放大,与城市发展目标极不协调
	金融危机 financial crisis	指的是金融资产或金融机构或金融市场的危机,具体表现为金融资产价格大幅下跌,或金融机构倒闭或濒临倒闭,或某个金融行业如股市或债市暴跌等。金融危机可以分为货币危机、债务危机、银行危机等类型。导致企业大量倒闭,失业率提高,社会普遍的经济萧条,甚至有些时候伴随着社会动荡或国家政治层面的动荡
	股市动荡 stock wobbles	股灾是股市灾害或股市灾难的简称。它是指股市内在矛盾积累到一定程度时,由于受某个偶然因素影响,突然发生的股价暴跌,从而引起社会经济巨大动荡,并造成巨大损失异常的经济现象。具有几大特征:突发性、破坏性、联动性、不确定性

3.2 韧性城市系统的范畴与构成

本书研究的韧性城市系统是指城市应对不同的扰动（急性冲击和慢性压力）所形成的组织方式以及背后隐含着的强健功能需求所决定的系统特征。因而韧性城市系统指"为了城市强健平稳发展而减弱脆弱性因素并提高抗扰能力而建构的城市系统（状态、准则、目标）"，即基于城市韧性原则进行强健的城市系统。

3.2.1 已有韧性城市系统研究范畴述评

尽管学术界已经意识到韧性城市研究的重要意义，但如何系统地认知韧性城市却一直是学术界争论的难点议题[①]。

韧性联盟[②]从管治网络构建、代谢流、建成环境和社会动力机制四个方面总结了韧性城市主题的GMBS主体框架。

（1）城市新陈代谢流——支撑城市功能发挥、人类健康以及生活质量。

（2）社会动力——人类学、人类资本和不公正。

（3）管治网络——社会学习、适应以及自组织能力。

（4）建成环境——城市形态的物理模式、空间关系和相互作用，涉及生态、工程、经济和社会四个领域，互相交叉，但各自强调韧性城市建设的不同侧面[③]。

其中，建成环境是城市韧性的物质基石，代谢流是城市韧性的运转手段，管治网络和社会动力机制则是实现前两者的动力机制。这四个方面相辅相成[④]，共同作用来增强城市系统韧性。

对于一个城市韧性的综合评估来说，这些子系统及其元素是需要加以考

---

① 邵亦文，徐江. 城市韧性：基于国际文献综述的概念解析[J]. 国际城市规划. 2015，30（2）：48-54.

② 成立于1999年，是一个由各国科学家组成的专注于社会生态系统韧性研究的非营利性组织，详见其官方网站http://www.resalliance.org/。

③ Robin Leichenko. Climate change and urban resilience[J]. Current Opinion in Environmental Sustainability, 2011 (3): 1-5.

④ Resilience Alliance: Urban Resilience Research Prospectus[R]. 2007.

虑的。为体现跨时间和空间尺度的相互依赖性，城市系统必须被概念化为植根于更加广阔的全球资源、群体、通信和多层治理"网络"的实体。这些网络是发挥城市系统的职能作用所必需的。

以上城市韧性研究主题的四大方面的划分主要是想从韧性的角度来分解城市系统，但笔者发现这种划分方法由于缺乏理论依据，在表达城市系统韧性相关要素时，存在以下问题。

（1）概念交叉：管治网络与社会经济动力其实在具体运行时是功能交叉难以区分的，如人口的流动影响到底是属于管治网络层面还是社会动力层面呢？

（2）要素缺失：如公共政策对于城市韧性的提升影响极大，但很难从这四个分类中去体现。

（3）过于静态：这四大分类没能体现城市韧力实现的时间维度，有些要素是在韧力实现的不同时间体现作用的，表现城市系统的适应性。

3.2.2　韧性城市系统研究范畴界定

本书研究的"韧性城市系统"是指以城市永续发展为目标，应对不同的扰动（急性冲击和慢性压力）所形成的韧健状态以及背后隐含着的强健功能需求所组成的系统（状态、准则、目标）。因而韧性城市系统指"为了城市强健平稳发展而减弱脆弱性因素并提高抗扰能力而建构的城市系统"，即基于城市韧健原则进行强健的城市系统。

3.2.3　韧性城市系统组成框架研究

基于以上分析，笔者依托CAS理论，将城市系统韧健作为目标，结合系统的环境、结构、要素三大方面，将韧性城市系统划分三大组成方面，即韧性城市系统环境、韧性城市系统结构和韧性城市系统要素。

再将这三大领域提炼相应的韧健因子，从而构成一个韧性城市系统组成框架（表3-6）。

（1）韧性城市系统环境：其韧健目标是指城市的发展环境扰动风险小，能够与自然和谐共生的状态，包括经济环境韧健、社会环境韧健和生态环境韧健。

（2）韧性城市系统结构：其韧健目标是指城市作为一个复杂的巨系统的韧健，保证整体韧健的根本在于系统整体的结构关系的合理和韧健，包括城市空间格局的优化、城市组织结构的完善。

（3）韧性城市系统要素：其韧健目标是指城市巨系统的因子自身在适应扰动过程中的韧健，包括应扰政策的韧健、适应设施的韧健和提升行动的韧健。

城市韧健具有时间和空间维度的特征，会随着时间的推移而不断发展变化，同时城市系统也在不断发展变化着，需要适时地调节系统结构和要素，以达到城市系统稳定和谐的状态。

韧性城市系统组成框架　　　　　　　　表3-6

主体	组成方面	韧健因子
韧性城市系统	韧性城市系统环境	城市经济环境
		城市社会环境
		城市生态环境
	韧性城市系统结构	城市空间格局
		城市组织结构
	韧性城市系统要素	城市应扰政策
		城市适应设施
		城市提升行动

3.3 "城市扰动与韧性城市系统的关系"德尔菲问卷调查

要了解健康与人体系统的关系，我们往往会先将疾病与身体官能之间建立某种联系。同样，要了解城市扰动与城市系统的关联，最好的办法是分扰动种类对城市系统韧健因子进行解析。

3.3.1 "城市扰动与韧性城市系统的关系"问卷调查方法

本次研究采用德尔菲法（Delphi Method）进行专家问卷调查研究，按前文的城市扰动的分类，将扰动小类与城市系统韧健因子一一进行相关分析，试图找到不同扰动小类所对应的影响关联度较大的一些韧健因子，从而窥见它们之间的深层次的关联作用机制，最后对这些关联作用综合分析，找出一些特征和规律，从而为后面的韧性城市系统理论架构及强健策略与措施奠定基础。本研究采用定量分析和定性分析的研究方法。定量方面，报告数据收集和分析主要采用了通过问卷星网站对专家进行在线问卷调查和通过纸质问卷进行线下问卷调查的方法；定性方面，对不同类型扰动的案例收集和分析，以及对相关研究领域的专家进行深入访谈，深入研究城市扰动与城市系统的关系。

在"城市扰动与韧性城市系统的关系"问卷设计中，针对不同城市扰动的空间作用特点的不同，将不同扰动与城市系统韧健因子关联度分为"不大、一般、比较大、很大、非常大"五个级别，请专家对每一类扰动与城市系统韧健因子关联度作出相应评价（分别按"1分、2分、3分、4分、5分"进行打分），最终统计得出"不同扰动与韧健因子关联度雷达图"（图3-1～图3-13）。

3.3.2　"城市扰动与韧性城市系统的关系"问卷数据分析

样本数量：共有32位专家参与本次问卷调查，共收到有效网络问卷22份，有效纸质问卷8份，无效问卷2份，问卷有效率93.75%（图3-14）。

将专家的背景进行统计分析，发现有43%来自高校，有20%来自科研院所，有20%来自企业，有17%来自政府部门（图3-15）；其中，正高职称占33%，副高职称占40%，中级职称占20%，其他占7%（图3-16）。

图3-1　地理灾害与城市系统韧健因子关联度雷达图

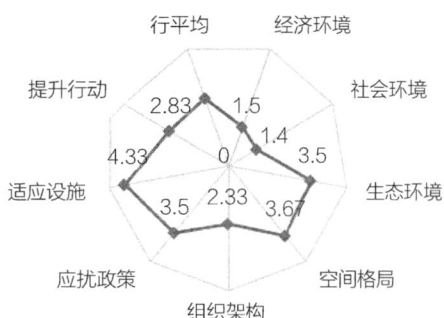

图3-2　水文灾害与城市系统韧健因子关联度雷达图

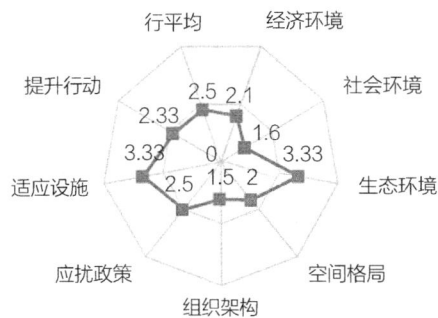

图3-3 气候灾害与城市系统韧健因子关联度雷达图

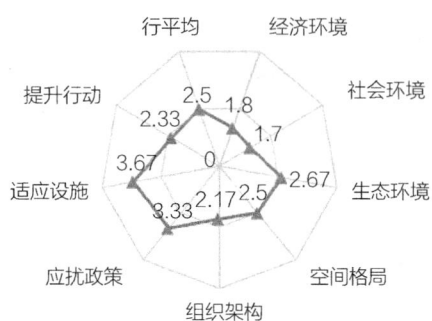

图3-4 气象灾害与城市系统韧健因子关联度雷达图

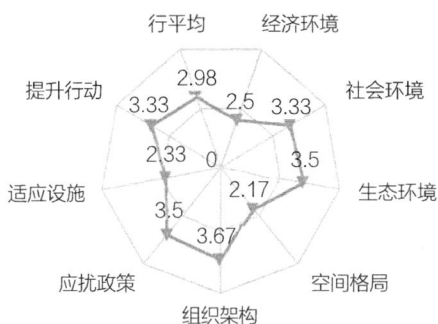

图3-5 生物灾害与城市系统韧健因子关联度雷达图

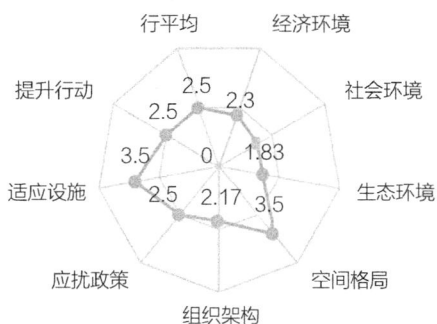

图3-6 工程事故与城市系统韧健因子关联度雷达图

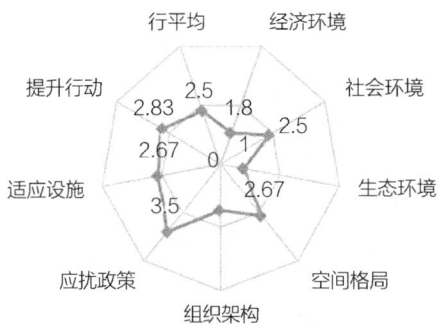

图3-7 交通事故与城市系统韧健因子关联度雷达图

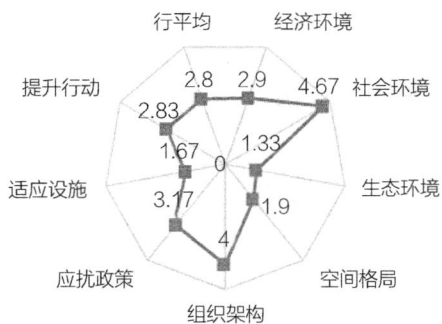

图3-8 社会事件与城市系统韧健因子关联度雷达图

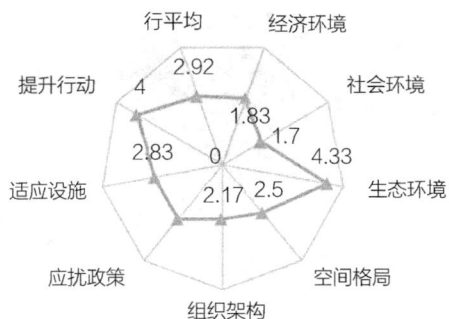

图3-9 气候变化与城市系统韧健因子关联度雷达图

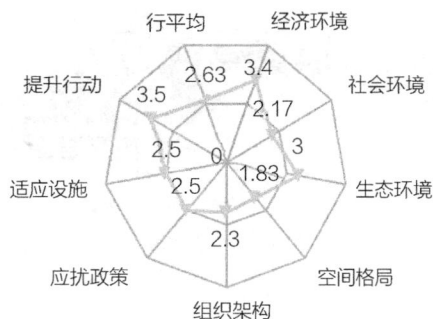

图3-10 能源危机与城市系统韧健因子关联度雷达图

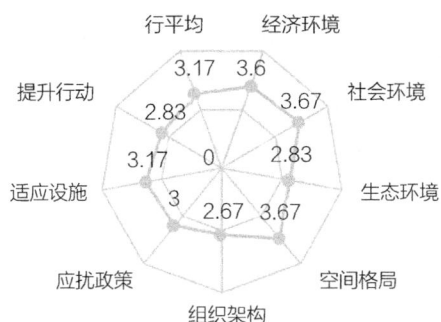

图3-11 无序城镇化与城市系统韧健因子关联度雷达图

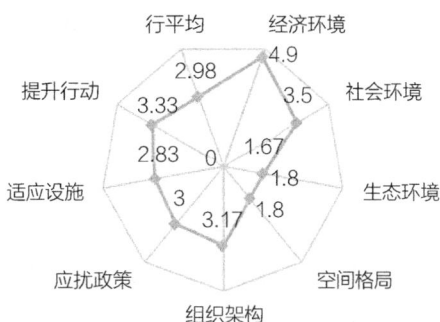

图3-12 发展不足与城市系统韧健因子关联度雷达图

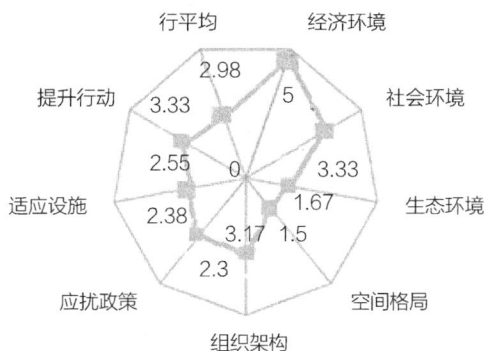

图3-13 经济危机与城市系统韧健因子关联度雷达图

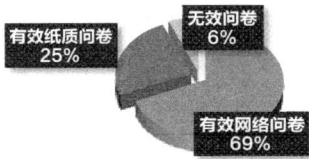

图3-14　"城市扰动与韧性城市系统的关系"问卷数量分析

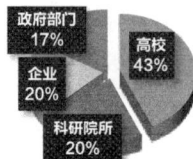

图3-15　"城市扰动与韧性城市系统的关系"问卷专家背景分析

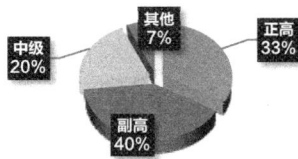

图3-16　"城市扰动与韧性城市系统的关系"问卷专家职称分析

3.3.3　不同"城市扰动"与"韧性城市系统"关联度分析

笔者对以上数据进行综合，将不同"城市扰动"与"韧性城市系统"的关联影响进行综合对比分析，得到图3-17。

从图3-17可以看出，不同"城市扰动"中与"韧性城市系统"关联度较大的前两位是"无序城镇化"和"发展不足"，后两位是"交通事故"和"气候灾害"。可以看出城镇化和城市发展仍然是城市系统的主要任务，而交通

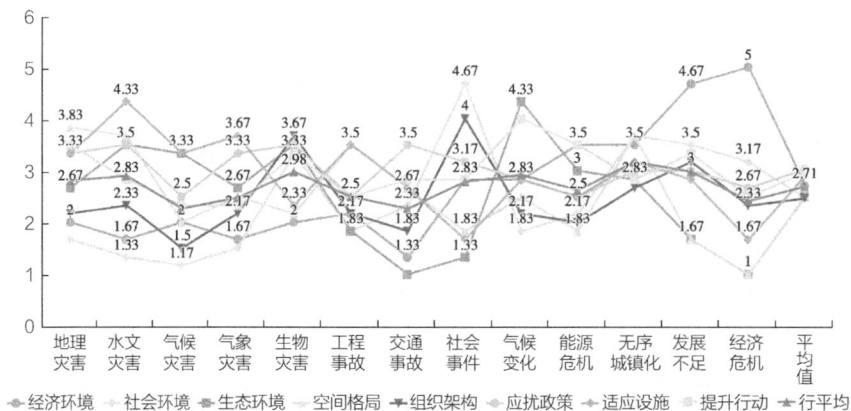

图3-17　不同"城市扰动"与"韧性城市系统"关联度综合分析

事故是城市系统微观层面的扰动，气候灾害一般发生在城市系统外围，影响也比较小。

3.3.4 不同"韧健因子"与"城市扰动"关联度分析

同样，笔者还将不同韧性城市系统"韧健因子"与"城市扰动"关联度进行了综合对比分析，得到图3-18。

从图3-18可以看出，不同"韧健因子"中与"城市扰动"关联度较大的前三位是"应扰政策""适应设施"和"提升行动"，后两位是"社会环境"和"组织架构"。可以看出"应扰政策""适应设施"和"提升行动"这三项都属于韧性城市系统要素，在"韧性城市系统"的组成成分中起着非常重要的作用。

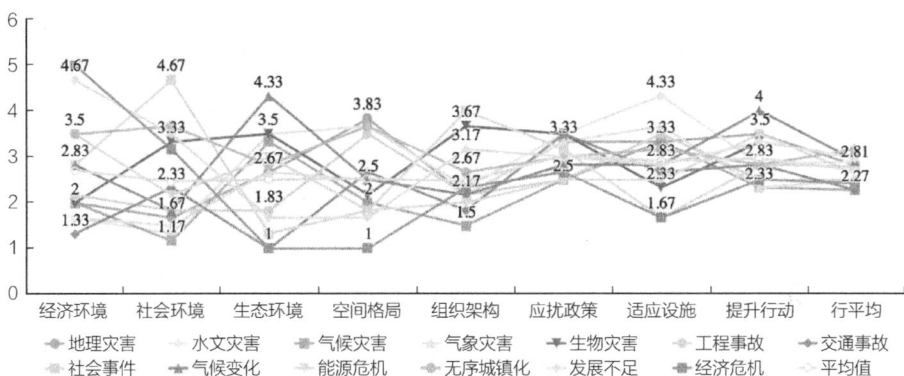

图3-18 不同"韧健因子"与"城市扰动"关联度综合分析

3.4 "城市扰动与韧性城市系统的关系"调查结果分析

3.4.1 城市"扰动领域"与韧性城市系统"韧健因子"关联度结论

通过对不同城市扰动的影响特点的认识以及城市扰动与城市系统韧健因子关联分析，可以大致看出城市系统哪些方面的强健将会对减小城市扰动产生一定的积极作用。将各种城市扰动与各项城市韧健因子之间的关联度大小的问卷调查结果进行综合分析，最终可以得到城市"扰动领域"与韧性城市系统"韧健因子"关联度矩阵表（表3-7）。

城市"扰动领域"与韧性城市系统"韧健因子"关联度矩阵表　表3-7

			韧性城市系统							
			组成方面	城市系统环境（环境）			城市系统结构（载体）		城市系统要素（本体）		
			韧健因子	经济环境	社会环境	生态环境	空间格局	组织架构	应扰政策	适应设施	提升行动
大类	扰动类型	扰动领域									
城市扰动	急性冲击	自然灾害	地理灾害								
			水文灾害								
			气候灾害								
			气象灾害								
			生物灾害								
		人为/技术灾害	工程事故								
			交通事故								
			社会事件								
	慢行压力	资源环境威胁	气候变化								
			能源危机								
		社会经济危机	无序城镇化								
			发展不足								
			经济危机								

说明：▂ ▃ ▄ ▅ ▆ 分别表示关联度大小依次为不大、一般、比较大、很大、非常大。

从表3-7中我们可以清楚地看到各种城市扰动与各项韧性城市系统因子之间一对一的关联度，总体来说，城市系统只是城市扰动的"非必然诱因"和"部分手段"。在从表中能比较清楚看出"部分手段"针对不同城市扰动的作用大小，这将为后面的城市系统强健策略和行动措施提供方向上的引导，在面对城市扰动时，能有的放矢地采取行动。同时也能看出不同的韧健因子能对哪些城市扰动产生较强的影响和作用。比如经济环境的改善主要对"慢性压力"中的经济危机起作用（表3-7左下角的关联度图示较大）。

3.4.2　城市"扰动类型"与韧性城市系统"组成方面"关联度结论

结合以上分析，笔者还将城市"扰动类型"与韧性城市系统"组成方面"之间的关联度大小也进行了综合分析，最终可以得到城市"扰动类型"与韧性城市系统"韧健因子"关联度矩阵表（表3-8）。

城市"扰动类型"与韧性城市系统"组成方面"关联度矩阵表　表3-8

			韧性城市系统		
			组成方面	城市系统环境（环境）	城市系统结构（载体）	城市系统要素（本体）
城市扰动	大类	扰动类型				
	急性冲击	自然灾害				
		人为/技术灾害				
	慢性压力	资源环境威胁				
		社会经济危机				

说明：▁▂▃▄▅ 分别表示关联度大小依次为不大、一般、比较大、很大、非常大。

从表3-8中我们可以清楚地看到城市"扰动类型"与韧性城市系统"组成方面"之间一对一的关联度。其中，自然灾害与城市系统要素关联较大；社会经济危机与城市系统环境关联较大；资源环境威胁与城市系统要素关联较大。

3.4.3 城市"扰动大类"与韧性城市系统"组成方面"关联度结论

同上，笔者还将城市"扰动大类"与韧性城市系统"组成方面"之间的关联度大小也进行了综合分析，最终可以得到城市"扰动大类"与韧性城市系统"组成方面"关联度矩阵表（表3-9）。

城市"扰动大类"与韧性城市系统"组成方面"关联度矩阵表 表3-9

		韧性城市系统		
	组成方面	城市系统环境（环境）	城市系统结构（载体）	城市系统要素（本体）
城市扰动	大类			
	急性冲击	▃▄▅	▃▄▅	▄▅
	慢性压力	▃▄▅	▂▃▄	▄▅

说明：▂ ▃ ▄ ▅ ▆ 分别表示关联度大小依次为不大、一般、比较大、很大、非常大。

从表3-9中我们可以清楚地看到城市"扰动大类"与韧性城市系统"组成方面"之间一对一的关联度。其中，急性冲击与城市系统要素和城市系统结构关联较大；慢性压力与城市系统环境和城市系统要素关联较大。

这说明：

（1）减少系统环境扰动，能部分解决慢性压力问题；

（2）减弱系统结构脆性，能部分解决城市急性冲击问题；

（3）增强系统要素韧力，能同时解决急性冲击和慢性压力问题。

这些基本验证了前文的理论假设：

子假设一：减少环境风险主要能解决城市慢性压力问题；

子假设二：减弱结构脆性主要能解决城市急性冲击中的不确定性问题；

子假设三：增强要素韧力主要能解决城市急性冲击中的确定性问题和部分解决城市慢性压力问题。

本章先从"城市扰动"和"韧性城市系统"的概念入手，对其范畴进行界定，为了更深一层了解城市扰动以及找到其与韧性城市系统的关系，对这两个概念都要进行分解，找到其底层因子，再两两关联分析，从而对其关系有个全面的了解。

"城市扰动"的研究运用了国际和国内的大量影响城市系统事件的数据库，将这些事件进行分层归类，运用了"归纳法"，将其纳入一个大的城市扰动分类体系中。

"韧性城市系统"的研究主要运用"演绎法"，借鉴系统论将其组成层层分解，最终找到8个韧健因子。

在二者的关系研究中，由于二者的数据过于庞杂，笔者选用了专家问卷法对其关联度进行判断，从而为后面的韧性城市系统理论架构及强健策略与措施奠定基础。城市扰动与韧性城市系统关系研究框架如图3-19所示。

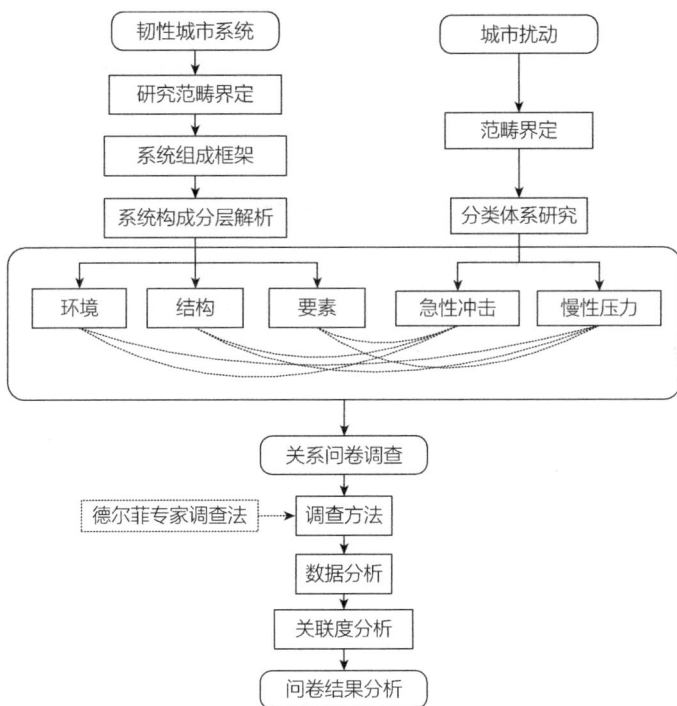

图3-19 城市扰动与韧性城市系统关系研究框架图

第4章
韧性城市系统理论基础研究

　　传统的城市韧性研究实际上是建立在对城市发展规律确定性的假设上的，至少认为可以通过风险概率等方法对灾害规律加以把握，但随着人类对城市系统干扰的加剧，自然风险的规律性在减弱，技术风险和社会风险在城市问题研究中的引入，使得城市韧性研究对象的不确定性更加突出。扰动风险的不确定性和承扰体的复杂性使得传统的城市韧性研究范式已经不能适应这种变化，需要有新的研究范式出现才能解决问题。

　　从前面的理论研究综述可以看出，目前国内虽然对城市韧性关注较多，也进行了一些整合性的研究，但是缺乏系统化的理论成果，针对城市韧性理论框架尚未形成权威的理论。笔者拟在综合已有理论研究的基础上，从韧性内涵切入，深入剖析城市韧性，借鉴韧性思维（Resilience Thinking）和复杂适应系统（Complex Adaptive System）的基本特征进行分析，结合韧性城市（RC）理论和复杂适应系统（CAS）理论，提出"韧性城市复杂适应系统（Resilient City Complex Adaptive System，RC-CAS）"的概念，并对其基本表征进行探析，为接下来的关于韧性城市系统的研究提供理论基础和准备。

4.1 韧性城市系统相关理论借鉴

4.1.1 韧性城市系统与哲学理论

城市是一个复杂的巨系统，城市扰动问题同样是极其复杂的。人们认识城市扰动问题往往一方面只从工程防御的角度去考虑，以为将城市防灾工程研究得越精确越能够避免灾害；另一方面又只从城市整体外部结构和形象去判断城市是否韧健，而忽视了城市某一子系统的韧健和潜在灾害隐患。这便是基于还原论与整体论的两种对待城市扰动问题的表现，将这两种方法加以综合和扬弃，超越还原论，发展整体论，运用系统论来认识城市扰动问题，这便是本书对于城市韧健理论研究的哲学理论基础。

4.1.2 韧性城市系统与CAS理论

城市作为复杂的系统，在变得越来越强大的同时，也越来越脆弱，长期存在的渐变事件和突发事件干扰着城市的发展，正面的机遇如技术革新、制度革新等，负面的挑战如全球气候变化、灾害频繁、能源危机等，如何在重重挑战与危机中，保存自己并且保持发展活力，是城市亟待解决的问题。仇保兴博士在《复杂科学与城市规划变革》一文[①]中从当代城市规划学的困惑的表象和原因入手，进而提出城市作为复杂自适应系统CAS（Complex Adaptive System）的基本特征。

城市系统和城市抗扰功能之间也存在这样的复杂适应性关系，城市系统都有着充分的弹性，可以在自身基本保持不变的情况下，通过自发地调整组织内容和发挥功能的潜能，实现与功能需求和环境的相互适应，这种适应通常表现为一种渐变。而当城市韧健与抗扰功能的压力增加到一定程度，为适应新的环境和发展需求，城市系统的转化就会必然发生，此时城市通过自身的城市系统变化对新的抗扰功能需求能进行适应，逐渐建立起一种新的动态均衡，与这一过程对应的是城市系统的调整和更新，也意味着创新和超越[②]。适应使城市系统对城市扰动环境的关系保持动态的均衡与互动，保障了城市的韧健。

---

① 仇保兴. 复杂科学与城市规划变革[J]. 城市规划，2009，33（4）：11-26.
② 张勇强. 城市空间发展自组织与城市规划[M]. 南京：东南大学出版社，2006.

4.1.3 韧性城市系统与生命理论

自1967年萨里宁提出"城市是个有机体"以来，人们会在不同的场合、不同的学科研究中有意无意地把城市与生物有机体进行类比或比喻。城市现象与生命现象有很多相似之处，城市的内部组织运转、对外界刺激的反应等现象在不断拉近城市与生命两个概念的距离。那么，是否可以用生命理论解释城市现象，解释它的复杂性和能动性？它会给城市研究和城市规划带来怎样的变化？

朱劲在其博士论文[①]中通过经验分析，用经典生物学中的生命理论解释城市现象，提出了"城市具有生命特征"和"城市生命力"的论点，强调城市规划的核心是维护和壮大城市生命力，应该顺应城市在不同阶段的生命力要求，对其内部存在的各种复杂系统进行整合和引导，使之运转更为顺畅，生命力更加强大。作者认为，城市规划要充分考虑城市生命力的承载底线，用善待生命的态度善待城市，不能主观、肆意地对待城市。

2010年上海世博会城市生命馆以"生命"为主线，总揽城市的"生命之旅"。馆内通过高科技的手法，以隐喻的形式，表明城市如同一个生命活体，具备生命的结构和灵魂。城市生生不息，维系于代谢循环，依赖于精神力量，人与城市间的不断调适维持着城市生命和谐，城市生命需要人们共同善待和呵护。

城市韧健可以说是城市生命力所维持的一种健康状态，因此，可以将城市的韧健状态的维持现象与城市生命活力的维系现象做一个比较研究。适应性是指提高生命体在某些特定环境中生存能力的属性。生命个体的适应性可以是结构上的、功能上的和行为上的，也可以是三者的综合。生物对其生存环境的适应是自然选择的结果。

4.1.4 韧性城市系统与医学理论

1. 城市系统韧健与人体系统健康

城市的韧健犹如人体的健康，"有力则韧，无弱则健"。城市抗扰防变

---

① 朱劲. 城市生命力——从生命特征视角认识城市及其演进规律的研究[D]. 上海: 同济大学, 2007.

则如同人体的治疾防病，对于人体疾病，中医和西医结合互补，能达到非常好的疗效，对于城市扰动，我们是否也可以运用两种方法进行综合防治呢?

中医治疗着眼于"调整阴阳，扶正驱邪，治病求本"的基本原则，注重功能的恢复，以及新的均衡的建立。强调防、治、养并重，"未病先防，既病防变""三分治疗，七分调养"①。治疗还注重社会心理因素的调节，强调治疗个体化，比如同为感冒发热，中医可能根据四诊归结为不同的证型而采用不同的治疗，即"对症下药"，而这种情况西医常常用同一种药。对于城市扰动的应对，我们也应该注重城市自身的修复功能与均衡，强调"扰前先防，动中防变"，多作扰动发生前的准备，发生扰动时注意其他扰动的发生。同时也要注意应对扰动应该"辨证论治，个体化治理"，针对不同城市面临的不同扰动采取特定的措施。

西医治病注重形态、生理、生化、病理等指标的恢复，这对于诊断病情和恢复健康有极为精确的指引。对于城市我们也可以理出一些判别城市系统韧健的结构、元素和环境等相关指标，有利于城市韧健的自我诊断和有针对性的调节修复。

中、西医在治疗上各有千秋，从而催生了中西医结合的想法。中医与西医结合主要特点之一是在诊断上体现辨证与辨病的结合，从而逐渐形成一种新的医学诊断思路②。中西医的结合有利于疾病的早期诊断、早期治疗；有利于启发治疗思路以解决无证可辨的困境，并且丰富和发展了传统中医学的辨证论治。辨证与辨病相结合是中西医结合诊治疾病的基本思路③。

因此，对于慢性病运用中医的"辨证"与"防养"方法，对于急性病则运用西医的"辨病"与"治疗"方法，所谓"缓则治本，急则治标"，两者的互补作用对城市扰动的应对有很大启发。可以对日常扰动采用"减少暴露"和"降低脆性"的方法，而对非常扰动采用"灾害评估"和"增强韧力"的方法。

---

① 刘克林. 试论中西医双重诊断的必要性[J]. 四川中医，2007，25（9）：11-12.
② 苗凌娜，李文占. 中医现代化和中西医结合诊治方法探讨[J]. 现代中西医结合杂志，2007（19）：2659-2660.
③ 王荣田，王芝兰. 关于中西医结合的几点思考[J]. 中医药信息，2004（6）：1-3+64.

2. 城市扰动应对与人体疾病免疫

城市面对扰动的反应系统，在于扰动应对体制以及在扰动发生后如何将其经验转化成应对扰动的对策，如同免疫系统为保护人体产生对疾病病源的反应机制，而免疫学（Immunology）是研究身体防卫机制的一门学问，它主要是研究身体里正常细胞（Cell）如何消灭异常细胞（Non-cell）或外来异物（包括生物如细胞、病毒及非生物等）的生理反应。

而城市面对扰动的反应系统在于应对的体制以及在扰动发生后的教训转化成应对扰动的对策，如同免疫系统为保护人体产生抗体一样的反应机制。

用"城市免疫系统"来称呼扰动应对体制是一种观念的建立，从自然界中观察免疫系统对抗病菌，将城市对抗扰动的观点建立在这种对抗形式之上，借由免疫系统的反应机制去建构城市扰动应对程序与组织。而要将免疫系统观念用于城市，必定要先将城市转化成人体构造，再将扰动依照其特性与破坏方式，转化成伤病侵害人体的方式，才能逐一针对各种扰动建立城市之免疫系统。

3. 医学对韧性城市系统研究的启示

城市扰动与人体疾病的相似性主要为一些城市防灾研究学者所关注。台湾地区的蔡柏全在其研究中将城市防灾与疾病治疗之间进行了类比。"灾害因影响程度的大小，与预测防范的难易度，可以被转化成疾病与外力介入的伤害，更依据灾害不同特征区分成慢性疾病、急症、感染、外伤与绝症等分类：对于都市防灾的监测与防范，我们可以转化成医疗与保健的行为，透过诊断的方式发现灾害的存在，利用病史的累积与传染侵袭警告来防范灾害，更透过救援的医疗行为治疗灾害的伤害，有效的灾害防救计划即是都市对于灾害的免疫系统。"①但他提到的这种关系还是建立在还原论的基础上，并未从城市作为完整系统的角度进行防灾的理论思考。其他相关研究概念还有弗里兹和巴顿等提出的"疗愈型社区（therapeutic community）"，用来描述那些在灾后出现大量合作行为和利他主义行为并自发地组织起来应对灾害的

---

① 蔡柏全. 都市灾害防救管理体系及避难圈域适宜规模之探究——以嘉义市为例[D]. 台湾成功大学. 2002.

社区①。日本也有学者将医疗术语用于城市灾害研究提出"城市诊断（urban diagnosis）"的概念，强调整合的扰动风险管理。这些研究只是在城市非常态的灾害研究的某些方面对医学概念的借用，并未进行城市常态下扰动风险的关系探讨。本书尝试借鉴医学领域业已发生的从还原论到系统论的认识论层次的变革，将其引入城市扰动问题的研究，尝试对城市系统韧健研究范式的建立进行探讨。

4.1.5 韧性城市系统与城市规划理论

在传统城市规划中，安全问题历来受到重视，城市的选址要避开自然灾害，构筑城墙用来进行防卫。现代城市规划的产生较为直接的原因在于工业化过程中恶劣的城市环境以及由此而导致的流行病蔓延。1848 年英国《公共卫生法》（*Public Health Act*）的制定是一系列社会改良行动中的决定性事件，也被认为是近代城市规划的开端。后来热兵器的发展使得城墙的防护作用降低，工程技术的发展使得城市抵抗自然灾害的能力提高，以及城市的经济功能越来越被强调，城市安全逐渐由城市规划中的核心价值地位衰变为边缘地位。

新世纪城市风险问题呈现新的趋势。恐怖袭击、致命传染病重新唤醒城市规划对于城市风险问题的关注，工程手段作用的有限性让人们考虑用城市规划的方法更为有效和适时地解决城市扰动问题，"以人为本""永续发展"和"和谐包容"的普世价值重新开始成为城市规划的目标。韧性城市正在实现着作为城市规划核心价值的回归。城市规划中的城市风险研究经历了从自然灾害研究到灾害应急研究，再到韧性城市研究的转变，该研究与系统科学关系紧密。

4.2 从韧性内涵演变看城市系统韧性的内涵

城市是人类生态学必不可少的研究主体，韧性思想也很自然地被应用到

---

① 赵延东. 社会资本与灾后恢复——一项自然灾害的社会学研究[J]. 社会学研究，2007，22（5）：164-187+245.

城市研究中，为韧性城市理论的形成奠定了思想基础。

韧性认知的三种观点及其发展转型。韧性的概念自提出以来，经历了两次较为彻底的概念修正。从最初的工程韧性（engineering resilience）到生态韧性（ecological resilience），再到发展韧性（evolutionary resilience），每一次修正和完善都丰富了韧性概念的外延和内涵，标志着学术界对韧性认知深度的逐步提升。

4.2.1 工程韧性思维强调恢复初始稳态

工程韧性是最早被提出的认知韧性的观点。从某种意义上来说，这种认知观点最接近人们日常理解的韧性概念，即韧性被视为一种恢复原状的能力（ability to bounce back）。这种韧性来源于工程力学中韧性的基本思想，但在应用中已经不同于简单的工程项目的韧性，而是指系统整体所具有的工程韧性的特征。霍林最早把工程韧性的概念定义为在施加扰动（disturbance）之后，一个系统恢复到均衡或者稳定状态的能力。伯克斯（Berkes）和福尔克（Folke）认为工程韧性强调在既定的均衡状态周围的稳定性，因而其可以通过系统对扰动的抵抗能力和系统恢复到均衡状态的速度来衡量。王吉祥和布莱克莫尔（Blackmore）认为与这种韧健观点相适应的是，系统较低的失败概率以及在失败状况下能够迅速恢复正常运行水准的能力。总而言之，工程韧性强调系统有且只有一个稳态，而且系统韧性的强弱取决于其受到扰动脱离稳定状态之后恢复到初始状态的迅捷程度。

4.2.2 生态韧性思维强调新的稳态与缓冲

20世纪80—90年代，工程韧性一直被认为是韧性的主流观点。然而，随着学界对系统和环境特征及其作用机制认识的加深，传统的工程韧性论逐渐呈现出僵化单一的缺点。霍林修正了之前关于韧性的概念界定，认为韧性应当包含系统在改变自身的结构之前能够吸收的扰动量级。伯克斯和福尔克也认为系统可以存在多个而非之前提出的唯一的均衡状态，据此可以推论，扰动的存在可以促使系统从一个均衡状态向另一个均衡状态转化。这一认知的根本性转变使诸多学者意识到韧性不仅可能使系统恢复到原始状态的均衡，而且可以促使系统形成新的均衡状态（bouncing forth）。由于这种观点是从生态系统的运行规律中得到的启发，因而被称作生态韧性。廖桂贤认为生态韧性强调系统生存的能力（ability to survive），而不考虑其状态是否改变；而工程韧性强调保持稳定的能力（ability to maintain stability），确保系统有尽可能小的波动和变化。冈德森（Gunderson）用杯球模型简洁地展示了两种韧健观点的本质区别。在该模型中，黑色的小球代表一个小型的系统，单箭头代表对系统施加的扰动，杯形曲面代表系统可以实现的状态，曲面底部代表相对均衡的状态阈值。在工程韧性的前提下，系统在时刻t因被施予了一个扰动而使得系统状态脱离相对均衡的范围。在可以预见的时刻$t+r$，系统状态会重新回到相对的均衡。因此，工程韧性可以看作是两个时刻的差值r。由此可见，r值越小，系统会越迅速地回归初始的均衡状态，工程韧性也越大。这一结果非常类似于学者们对工程韧性的原始定义。在生态韧性的前提下，系统状态既有可能达成之前的均衡状态，也有可能在越过某个门槛之后达成全新的一个或者数个均衡状态。因此，生态韧性R可以被视为系统即将跨越门槛前往另外一个均衡状态的瞬间能够吸收的最大的扰动量级。

4.2.3 发展韧性思维强调持续不断的适应

在生态韧性的基础上，随着对系统构成和变化机制认知的进一步加深，学者们又提出了一种全新的韧健观点，即发展韧性。在这个框架下，沃克（Walker）等人提出韧性不应该仅仅被视为系统对初始状态的一种恢复，而应该是复杂的社会生态系统为回应压力和限制条件而激发的一种变化（change）、适应（adapt）和改变（transform）的能力。福尔克等人也认为现阶段韧性的思想主要着眼于社会生态系统的三个不同方面，即持续性角度的韧性（resilience as persistence）、适应性（adaptability）和转变性（transformability）。发展韧健观点的本质源于一种全新的系统认知理念，即冈德森和霍林提出的适应性循环理论（adaptive cycle）。

4.2.4 韧性内涵演变的对比与评价

从以上分析可以看出，工程韧性、生态韧性和发展韧性所代表的韧健观点体现了学界对系统运行机制认知的飞跃，为进一步理解城市韧性做好了铺垫。发展韧性的观点相比于前两者具有更强的理论说服力，应当成为城市韧性研究所要参照的基准。表4-1从本质目标、均衡状态、系统特征、韧性内涵和理论支撑等方面总结了三种观点的区别。值得注意的是，虽然工程韧性和生态韧性的称谓最初脱胎于工程项目和生态系统的描述之中，但用于修饰"韧性"时其含义已经有了非常大的转变。然而由于不加注意的引用，诸如"工程韧性是工程项目的韧性""生态韧性是城市生态系统的韧性"之类的误解时有发生。工程、生态和发展韧性作为城市韧性的不同观点，应该起到限定城市韧性议题的作用。

三种韧健观点演变对比表　　　　　　　　　　表4-1

韧性理论流派	本质目标	均衡状态	系统特征	韧性内涵	理论支撑
工程韧性	恢复初始稳态	单一稳态	有序的、线性的	系统受到扰动偏离既定稳态后，恢复到初始状态的速度	工程思维
生态韧性	塑造新的稳态、强调缓冲能力	两个或多个稳态	复杂的、非线性的	系统改变自身结构之前所能够吸收的扰动的量级	生态学思维
发展韧性	持续不断的适应	动态均衡	混沌的	与持续不断的调整能力紧密相关的一种动态的系统属性	系统论思维，适应性循环和跨尺度的动态交流效应

但是，以上观点过于强调"恢复原状"的能力。城市系统的这一复杂、动态的特征，使受到干扰后的状态基本上不可能再返回到先前的状态。如气候变化和城市化将有可能使城市本已不稳定的本质进一步恶化。城市其实是处于恒常变化中的，不可能存在稳定状态。韧性还应该包括一个城市力争实现的愿景的涵义。

因此，笔者认为城市系统韧性应该保持"动态非均衡"，即多重状态非均衡：城市是不断变化发展的，并不存在均衡状态，城市总是在保留关键功能的同时，不断调整运行状态和寻找发展转型机会，在应对各种冲击中不断更新和重建，以实现城市永续强健发展。

4.3 韧性思维的核心理念阐述

4.3.1 永续发展：避免阻碍发展的驱动因素

首先要理清"韧性思维"与"永续发展"的关系，笔者认为韧性思维是方法，永续发展是目标。面对永续发展，韧性思维提供了理解周围世界和管理自然资源的一种不同的方式。它解释了为什么提高效率本身不能解决人类的资源问题，并且提供了一种建设性的可供选择的办法，从而使管理促进社会—生态系统永续发展。

4.3.2 非线性重组：系统各组分的自组织行为使系统具有非线性行为

城市系统是一个错综复杂的适应性生态系统。它与工业上大大小小、相互连接的齿轮构成的齿轮系统是不同的。后者是可控与可预测的，如果改变其中任何一种型号齿轮的转速，其他与之相连的齿轮转速肯定会相应改变。许多研究表明，城市系统内某个组分的变化有时会导致系统彻底重组，进入另外一种稳定状态。对城市系统的管理必须理解这一特征。

4.3.3 球盆模型：阈值与适应性循环

阈值[①]和适应性循环都是韧性思维的核心内容。其意义在于在管理城市系统时，使人类的行为必须不超越系统的韧性。

在图4-1和图4-2所示的社会—生态系统的状态中，球在盆体中不停运动，一个盆体则代表了一组状态。这组状态具有同样的功能与反馈，使得球的运动趋于均衡。虚线表示将不同盆体分开的阈值。

图4-3中态势1（R1）（沉积物低磷水平）对于外界磷突然输入具有完全

---

① 阈值跟英文threshold value对应。阈值又叫临界值，是指一个效应能够产生的最低值或最高值。此一名词广泛用于各方面，包括建筑学、生物学、飞行、化学、电信、电学、心理学等，如生态阈值。一个领域或一个系统的界限称为阈，其数值称为阈值。在各门科学领域中均有阈值。如数学中$y=f(x)$函数关系，自变量x值必须在函数的定义域内，因变量y才能有确定的值。这个函数的定义域就是x的阈值。人为主观地制定一个决策往往是不合理的，随意确定一个决策值往往亦不能求得最优值。因此计算时要对独立变量取值范围赋予一定的数学限制，所有满足这些限制（阈值）的点构成最优化问题的可行域。

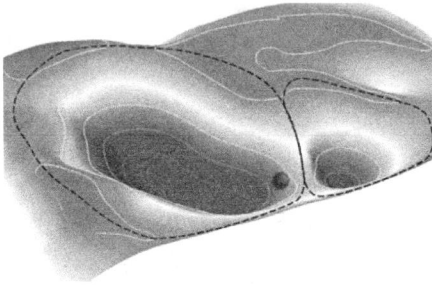

图4-1　系统的球—盆模型（状态一）　　　图4-2　系统的球—盆模型（状态二）

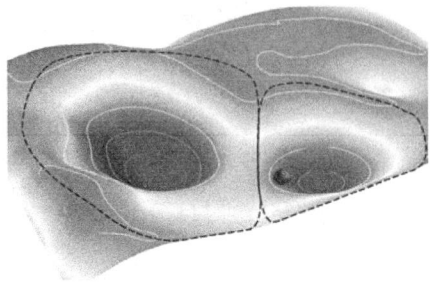

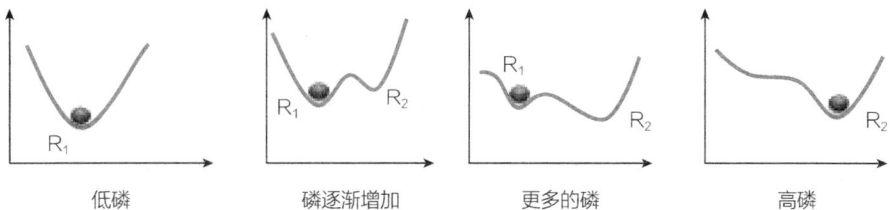

低磷　　　　磷逐渐增加　　　　更多的磷　　　　高磷

图4-3　球—盆体模型二维示意图

注：磷持续输入导致湖泊生态系统发生变化。沃克（Brian Walker），索尔克（David Salt）. 弹性思维：不断变化的世界中社会—生态系统的可持续性[M]. 彭少麟，陈宝明，赵琼，等，译. 北京：高等教育出版社，2010。

　　的韧性恢复力（如图4-3所示，球在该单一盆体的深度说明其恢复能力），随着磷不断积累，湖泊逐渐丧失韧性，盆体变平，新盆体出现，此时湖泊易受到磷含量突增（如随暴雨产生）的干扰，最终导致该系统被轻易推至新的引力域（态势2，R2），湖泊变得浑浊。

　　适应性循环过程中，快速生长和稳定守恒两个阶段为正向循环，其动态发展较容易预测，因其具有稳定性和存储能力等特征，资源和潜能得以缓慢积累。释放和重组阶段为逆向循环，具有不确定性、新颖性和实验性等特征。在这两个阶段，各种形式的资源开始丧失（或泄露）。逆向循环阶段是最有可能对系统进行毁灭性或创造性改变的时段。

　　城市系统对于扰动的调适能力主要体现在韧性的规划上，即具有适应能力的规划。即需要承认规划设计作决定时面临知识缺乏（imperfect knowledge）这一事实，并将不确定扰动视作学习修正的机会。

　　城市系统具有高度的适应性，不仅体现在物质环境的构建上，还体现在社会机能的组织上。

具有韧性的世界注重补充新知识、开展试验研究、探索局部发生规律并乐于接受改变。旨在保持系统韧性的管理方式鼓励创新和变革。韧性思维是接纳变化和干扰，而不是拒绝或约束变化和干扰。当一个逆向循环中原有的紧密联系和运行方式被打断时，新的机会就会来临，更多的新资源就能得到开发。对于这一切改变，具有韧性的系统会欣然敞开怀抱。然而，我们现行的方式却恰恰相反，往往更倾向于拒绝这样的机会。

4.3.4 适度冗余：过度提高效率与优化结构会造成系统韧性的损伤

优化模式的目的是让系统达到"最佳状态"带来最大限度的利益。为了实现这一目标，系统管理者总是减少冗余，例如"零库存"管理法（即公司为减少原材料等物品的库存必要时才进货的生产管理方式），零部件和补给品通常是在厂家有需求时进货。这虽然被认为是高效和最佳的系统，能大幅节省库存所需成本和开支，但应对意外事件时却极其脆弱敏感，通常会造成原料和人员极度短缺，生产出现严重混乱。事实上，城市系统需要适度的冗余，才会有韧性。

4.4 基于复杂适应系统理论的城市系统特征分析

4.4.1 复杂适应系统（CAS）理论的核心思想

复杂适应系统（CAS）理论的基本思想可以概述如下。

我们把系统中的成员称为具有适应性的主体（Adaptive Agent），简称为主体。所谓具有适应性，就是指它能够与环境以及其他主体进行交互作用。主体在这种持续不断的交互作用的过程中，不断地"学习"或"积累经验"，并且根据学到的经验改变自身的结构和行为方式。整个宏观系统的演变或进化，包括新层次的产生、分化和多样性的出现，新的、聚合而成的、更大的主体的出现等，都是在这个基础上逐步派生出来的。

复杂适应系统（CAS）理论把系统的成员看作是具有自身目的与主动性的、积极的主体。更重要的是，CAS理论认为，正是这种主动性以及它与环境的反复的、相互的作用，才是系统发展和进化的基本动因。宏观的变化和个体分化都可以从个体的行为规律中找到根源。霍兰把个体与环境之间这种主动的、反复的交互作用用"适应"一词加以概括。这就是CAS理论的基本思想——适应产生复杂性。

4.4.2 城市复杂适应系统（C-CAS）的基本特征

1990年初，霍兰（Holland J H）在《隐秩序——适应性造就复杂性》一书中概括了CAS（Complex Adaptive System）的七个基本点：包括4个特性（聚集、非线性、流、多样性）和3个机制（标识、内部模型、积木）。这7个基本特征是复杂适应系统的充要条件，每个复杂适应系统都具备这7个基本点，具备这7个基本特征的系统也必然是复杂适应系统。4个特性是复杂适应系统的通用特性，它们将在适应和进化中发挥作用；3个机制则是个体与环境进行交流时的机制和有关概念。

在CAS理论框架内，城市是一个关联的集聚性、非线性、多样性、自组织、自适应的系统。因此，城市在与支撑环境的相互作用下逐步适应性的生长。

结合复杂适应系统的7个基本特征，笔者认为城市作为复杂适应系统（可以称为城市复杂适应系统，City-Complex Adaptive System，C-CAS）具有以下的基本特征。

1. 非线性（nonlinear）：主体间相互作用的数学逻辑关系

非线性指个体以及它们的属性在发生变化时并非遵从简单的线性关系，尤其是在系统中的个体与环境、个体之间的不断交互作用时，非线性的特点体现得更为明显。非线性相互作用引起系统复杂性。

非线性的内涵是整体大于部分之和；在对城市问题本质的探索中，学者们越来越发现理性主义和还原论在解决城市问题上的乏力，传统的线性思维并不适用于城市这样的复杂系统；城市的非线性和复杂性特已经得到越来越多的认同。

2. 流（flows）：源在具有众多节点与路径的网络中流动

流（flow serve）即指众多节点与连接者的某个网络中某种要素的流动。三要素是节点、连接者、资源。例如城市公交客运流的三要素是公交站、公交网络、乘客。

流和网络具有两大特性。

一是乘数效应（multiplier effect）：源自一种宏观的经济效应，是指经济活动中某一变量的增减所引起的经济总量变化的连锁反应。只要在某些节点上注入更多的资源就会发生乘数效应，这种资源沿着路线，从一个节点传输到另一个节点，并产生一连串的变化。例如一个偏僻的地区修了一条对外联系的公路或铁路，极有可能给这个地区的经济发展带来巨大的推动作用。

二是再循环效应（recycling effect）：资源在主体间的循环往复。它使得在资源数量一定的条件下，系统节点能获得更多的资源，从而使有限的资源得到最大限度的利用。例如低碳城市中可再生资源的循环利用。

3. 多样性（diversity）：生成与保持形形色色组分的动态模式

多样性是CAS主体之间差别不断发展增大、最终形成分化而产生。它是一种动态模式，具有持存性和协调性，也是不断适应的结果。

例如一片森林中的某物种消亡了，会出现另一种与其利用资源相似的物种来填补生态位的空缺，使城市绿地生态系统的多样性维系网络化。又如一个城市强行拆除了某个贫民窟，而没有进行有效的安置处理，仅是把穷人从中心区赶走，那么新的贫民窟将会从这个城市的另一个死角出现。规划中提倡的"混合功能"，降低了空间分异度。多样性的主体使CAS具有了一定的稳定性与协调性，而隐藏其中持续的进化与适应又使CAS具有了复杂的动态特征。一个保障房体系健全的城市，具有居住选择的多样性，被赶走的穷人可以被这些保障房吸收，从而保障整个城市系统的稳定性与协调性，因此，城市为了解决贫民窟问题而主动为穷人建设保障房，使城市在动态变化中不断进化，以适应人的需求。

4. 标识（tagging）：标识促进选择性相互作用，聚集体形成

标识是为了聚集和边界生成而普遍存在的一个机制。标识能够促进选择性相互作用。设置良好的、基于标识的相互作用，为筛选、特化和合作提供了合理的基础。使介主体和组织结构得以突现，标识是隐含在CAS中具有共性的层次组织结构（即"主体/介主体/介介主体/……"）背后的机制。在现代城市生长过程中，各种功能区的形成正是在城市规划引导下有序进行的。因此可以说城市规划设计作为标识机制促进了城市各种要素的相互作用，从

而使得城市空间功能结构进行不断地优化重组。

标识是主体相互作用的基础；从微观角度，在城市中，不同的产业部门、不同的政府部门之间的协调工作正是依赖于部门的标识特性；从宏观角度，区域中的城市职能分工，也是依赖城市的资源这一标识来进行的。

5. 积木（building blocks）：复杂事物分解，像积木一样重复使用

积木机制就是在面临一种新的复杂情况时，通过对经自然选择和学习过并证明有效的元素的重复排列组合，从而产生新的综合物，也就是解决办法的机制。如果新综合物行之有效，可以成为新的积木，并纳入内部模型。积木机制避免了主体从大量杂乱无章的数据中寻找有用信息的繁重工作。

6. 聚集（aggregation）：物以类聚，聚集产生复杂性

简化复杂系统的一种标准方法，也是构建模型的主要手段之一，忽略无关的细节，把相似的事物聚集成类（物以类聚），各种类型成为构建模型的基础。

城市规划中的分类，将具有类似功能组成的城市空间合并为一个特定的功能空间，并划分不同功能空间的类型——居住区、行政区、工业区、老镇区、新城区、历史街区、别墅区、城市中心区、棚户区等。

较为简单的主体的聚集相互作用，必然会涌现出复杂的大尺度行为。例如城市中金融、贸易、服务、展览、咨询等业态的集聚构成了中央商务区的功能与景观，它的集聚所爆发的能级是任何单个业态所不能及的。

主体的聚集又可以成为更高一级的主体——介主体（meta-agents），介主体的相互作用通常可以用它们的聚集特性很好地描述出来。例如住宅（主体）的聚集构成了一个社区（介主体），它的聚集特性可以用这个社区特有的文化来描述。介主体能够进行再聚集，产生介介主体（meta-meta-agents），这个过程重复几次后，就得到了CAS非常典型的层次组织。例如各种类型的居住、商业、工业、行政、教育等社区经过再聚集就构成了城市（介介主体），多个大小不一的城镇在一定区域聚集形成城镇体系。

城市的形成与发展依赖的就是人的聚集；从早期的聚落到小村庄再到小城镇，城市的产生与发展的直接动力就是人的空间聚集效应；人的聚集产生新的城市功能，产业的聚集带来巨大的规模效应等，这些都是城市的聚集特性。

7. 模型（model）：预知大量涌入使系统发生变化的方式

"拼贴城市"理论认为城市规划从来就不是在一张白纸上进行的，而是在历史的记忆和渐进的城市积淀中所产生出来的城市的背景上进行的；这正是城市在发展过程中的对经验的学习过程，并对城市未来发展作出决策；对城市内部模型的研究，将有助于城市发展模式的选择。

4.5 韧性城市复杂适应系统韧健特性探析

将韧性思维RT（Resilience Thinking）与复杂适应系统CAS（Complex Adaptive System）结合，就会发现具有韧性的城市复杂适应系统（可以简称韧性城市系统，Resilient City-Complex Adaptive System，RC-CAS）有着以下7大韧健特性，具体解析如下。

4.5.1 强健（Robust）

强健的系统包括精心安置、建造和管理的物质财产，使它们能够承受灾害事件的影响，而不完全损坏或功能丧失。强健的设计能预测系统中潜在的危险，使得系统运行良好，需要确保系统故障是可以预测的、安全的。对于物资过度依赖、连锁故障和设计阈值超过了能承受的范围，都可能导致城市系统灾难性的崩溃。

4.5.2 包容（Inclusive）

包容是广泛的咨询和参与强调社区的需要，包括最弱势群体的需要。解决冲击或压力时将某些个体隔离是不适当的韧性体现。一个包容性的方法有助于一种共享所有权或共同愿景的城市韧性的建立。具有韧性的城市能促进信任、充分发展社会交流网络并增强领导力。与城市系统的韧性密切相关的是，系统内人们团结一致，有效地作出响应以及改变一切干扰的能力。信任、强大的社会交流网络及领导力，是保证这一切能够发生的全部重要因素。要实现系统的适应性，这些特征就必须共同作用。

4.5.3　反馈（Reflective）

城市的反馈系统在充满不确定变化的世界里显得尤为重要。通过新的经验不断地变更机制、修改相关标准和规范，而不是只寻求基于眼前现状的一劳永逸的解决方案。这样，城市系统就可以从过去的经验中学习，并利用这种学习来影响未来的决策。具有韧性的城市需要适时的反馈机制。韧性的城市系统力求维持或加紧反馈强度。这些反馈能让我们在越过阈值之前就有所察觉。全球化正在让一度紧密的反馈机制变得松弛。例如，发达国家的人们消费了发展中国家的产品，但对于这一过程所造成的后果，他们能接收到的反馈信号却相当微弱。而且，反馈机制在不同尺度上已经开始松弛。

4.5.4　混合（Integrated）

韧性城市需要有城市功能的混合性和叠加性。这是功能单一的城市要素间缺乏联系，容易导致系统脆弱。城市系统之间的整合和调整促进决策的一致性，并确保所有的投资都是相互支持的一个共同的结果。整合是明显的内部之间的弹性系统，并存在不同的规模，他们的操作系统之间的信息交换，使它们能够共同作用，并迅速作出反应，通过较短的反馈在整个城市循环。

4.5.5　冗余（Redundant）

冗余性主要强调同种功能的重复设置。冗余是指在城市系统内有意建立的备用容量，使它们能够适应资源中断，极端压力或需求激增的情况。它包括多样性，即多种方法的存在，以实现一个给定的需要或满足一个特定的功能。例如分布式基础设施网络和资源储备。冗余应该是有意的，应该在一个城市范围内尽量进行性价比最高而不是低效外部性的设计。城市系统要有足够的储备能力，主要体现在对城市某些重要功能的重叠和备用设施建设上。韧性城市需要有一定程度的重复和备用设施模块，通过在时间和空间上分散风险，减少扰动状态下的损失。

4.5.6 多能（Resourcefulness）

多能性（又叫多谋性或多样性），即满足同种功能途径的多样化，提供选择的韧性。多样意味着城市系统能够在遇到冲击或压力的时候，迅速找到不同的方式来实现自己的目标、满足其需求。这可能包括投资预测未来的多种情况，协调更大的人力、财力和物力的能力。强调城市系统的多元性，表现在城市系统功能多元，受到冲击过程中选择的多元性，社会生态的多样化以及城市构成要素间多尺度的联系等。具有韧性的城市会促进和维持各种形式（包括生物的、景观的、社会的以及经济的）的多样性。多样性是未来选择的主要来源，也是一个系统以多种方式应对变化和干扰的能力。韧性的城市系统提倡和鼓励多样化，从而弥补目前均一化的世界发展趋势。而且，这样的系统也支持土地及其他资源利用形式的多样化。在危机之下，多样性可以带来更多解决问题的思路、信息和技能。

4.5.7 灵活（Flexible）

具有韧性的世界应由模块构件组成。在具有韧性的系统中，一个事物不必与其他所有事物都相连接。连接过密的系统更容易受到干扰因素的影响，而且，这些影响会迅速在整个系统中蔓延开来。而具有韧性的系统则恰恰相反，它会保存或生成一定规模的模块。灵活性意味着系统可以通过的模块的改变、进化和适应来回应变化的情况。这可能有利于分散的模块化基础设施。灵活性，意味着可以根据需要引进新的知识和技术，它也意味着以新的方式来进行实践。

第 5 章
韧性城市系统理论架构研究

上一章对通过将CAS理论与韧性思维融入城市系统研究，从而提出韧性城市系统的概念，即构建了本体论，但如何将这一概念进行展开研究，还需要从认识论的角度下一番功夫。本章承上启下，先深入研究韧性城市系统的多维内涵，进而找到相应的概念模型、强健机制和实现途径，最后借鉴韧性理论将其演化规律也作了研究。

5.1 韧性城市系统的多维内涵

城市作为人类与众多其他有机系统共生的复杂适应系统（CAS），在具有该系统的一般特征的同时，还具有韧性系统的一些特性，最终体现的还是唯物主义辩证法的一些哲学基本观点和城市系统强健模型所有相关要素的表达。

5.1.1 生态协同：城市按其生态位进行自组织的发展

针对韧性城市系统的发展，我们需要"具体问题具体分析"，基于CAS"标识"的概念，使介主体和组织结构得以突现。标识是主体相互作用的基础，从宏观角度，区域中的城市职能分工，也是依赖城市的资源这一标识来进行的，城市应该是各具特色的。

城市作为一种自适应的复杂组织，其生存发展之道在于不断地深化为最能发挥其功能的形态以及找到最佳的"生态位"。

自组织的复杂系统都有记忆，这种记忆承载着一个城市的市民和城市作为一种组织与大自然奋斗的历史智慧，这对于现代历史文化名城保护与利用和对后来的城市建设具有非常重要的指导作用。例如，地处秘鲁山区的马丘比丘是古印加帝国一个著名的城市，大概八百年前被废弃了。这个城市建立在海拔近3000m的高原上。因为缺水，它所有的水系统修建得非常精致，雨水利用比现代城市还要高效。我们从中可以得到启示：千年以前人类就发展了非常精细的雨水灌溉系统，把城市的雨水和生活污水收集起来，然后灌溉周边的梯田。可见，自组织（自然生长发育）的城市比他组织（上级政府为开发油田、矿山而设立的）的城市更具生命力。这也是为什么城市能成为人类文明史中唯一能长时期生存并持续发展的人造物的原因之一。

5.1.2 共生进化：主体和环境是共生循环演进的关系

韧性城市系统应该是"按自身规律永续发展"的，城市主体与环境是"共生进化"的一对关系，物质和能量流在其间循环往复交换，符合韧性理论的"扰沌模型"。

城市是社会、自然环境的具体展现和浓缩，城市与周边的环境密不可分，并且后者是城市本身健全与存续发展的基础，是永续发展的主要依托。

5.1.3 网络冗余：多元主体构成的网络式结构使城市更具有韧性

世间万物是存在着普遍联系的，互联网加强了人与人、物与物以及城市与城市之间的联系，网络结构更能反映出这种联系，分布式的设施具有更强的韧性。多元的主体在网络式的结构中更能协调发展，在遇到扰动时，能形成系统功能的冗余功能，在阈值范围内，城市系统是能保持稳定的。

5.1.4 自发适应：城市运行遵循自发的隐秩序

韧性城市系统的"积木"机制能使城市在面临一种新的复杂情况时，通过对经自然选择和学习过证明有效的元素的重复排列组合，从而产生新的综合物，也就是解决办法的机制。面对新的扰动，城市往往能"自发适应"

新的情况，在"对立中寻找统一"，这体现的是城市运行遵循的自发的隐秩序。

5.1.5 稳中求变：以局部"紊乱"确使整体"有秩序"

韧性城市适应系统需要"稳中求变"以保持永续的生命力，许多小主体的决策会引发系统大的变化，一般是要"聚集"到一定的量才能"涌现"出新的表征，体现的是"质量互变"规律，结合外部变化可能会造成小的紊乱，但系统的"自适应"能力能使整体更加有序，多个小的紊乱化解了大的扰动的可能。

5.1.6 学习转型：主体能自我学习以应对扰动和转型发展

韧性城市适应系统能从历史经验中总结有用的发展规律并选择适合的发展模式来转型发展，每一次转型升级都是遵循"否定之否定规律"，在不断地传承与变革中循环演进。

新理性主义认为，城市的大脑——政府部门，甚至每个成员都可以借助大数据、物联网和地理信息系统GIS等新技术，比以往的决策者更能从周边环境和历史经验中提取有用的信息和决策模式，并将它们作为制订城市自身发展战略、城市规划和公共政策的参照或依据。

5.2 韧性城市系统的概念模型

5.2.1 城市系统韧健公式（RCS）

城市规划和扰动对策是依据最坏的预测结果制定的，因此扰动风险评估在一定程度上直接影响城市系统的优化方式。而这种风险评估从某种意义上可以说是对城市系统韧健度的评估。参考联合国国际减灾策略委员会（ISDR）提出的扰动风险评价函数，韧健度与风险度为相反关系，由此可以推出城市系统的韧健度（Resiliency of City System，RCS）是由扰动（Turbulence，t）、脆性（Vulnerability，V）以及韧力（Resilience，r）三者交互影响而成，因此城市系统韧健公式见式（5-1）。

$$RCS=func.\ (\ t,\ r/V\ ) \qquad\qquad (5-1)$$

式中　RCS——城市系统的韧健度（Resiliency of City System）；

　　　　t——扰动因子（Turbulence）；

　　　　V——脆弱因子（Vulnerability）；

　　　　r——韧力因子（Resilience）。

　　本书研究对象是城市系统，所以用韧力（Resilience）一词更能表达城市系统的物质承受能力与恢复韧性。公式中的三个影响因子正好与城市韧性强健机制相对应，"压力释放"模型和"能力提升"模型在这里可以通过函数关系表达。从式（5-1）可以看出城市系统韧健度可随脆弱性的减小而提升，也会随着韧力的增加而增加，应根据不同的强健内涵提出相应的强健策略，最终确保城市系统的整体强健。

　　图5-1左边是扰动的作用机制，右边是城市系统的基本构成和扰动回应模式。从图最右边可以看出：韧性城市由韧性系统结构、韧性系统环境和韧性系统要素构成。图中间两个圆圈叠加表示的是城市系统在扰动中暴露的程度，即扰动风险。城市风险由城市系统的脆性（V）、韧力（r）和扰动（t）三个因素来决定。

　　利用刺激反应模式实现结构韧健；通过功能强化模式实现要素韧健；t一般来说是指客观存在的扰动风险背景，对于特定城市来说，扰动（t）一

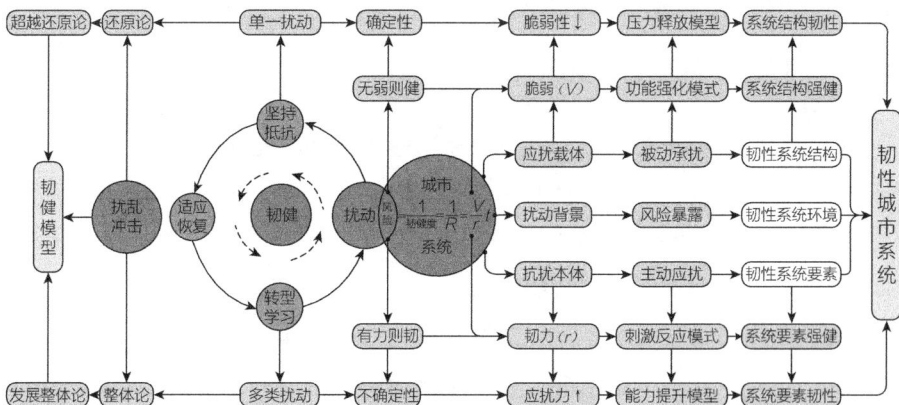

图5-1　"韧性城市系统"概念模型

般是客观存在的，包括城市系统外部冲击干扰和内部异常变动，需要在脆弱性（V）和韧力（r）方面下功夫。

5.2.2 城市发展韧力指数（CDRI）

由于城市韧力因子可以分解为坚持力、调适力和转型力，城市系统韧健度RCS（Resiliency of City System）模型还可以扩展如下，见式（5-2）、式（5-3）。

$$RCS = \frac{r}{t \cdot V} = \frac{P \cdot A \cdot T}{t \cdot V} \qquad (5-2)$$

即
$$CDRI = r = P \cdot A \cdot r \qquad (5-3)$$

式中　RCS —— 城市系统韧健度（Resiliency of City System）；

$CDRI$ —— 城市发展韧力指数（City Development Resilient Index）；

t —— 扰动因子（Turbulence）；

V —— 脆性因子（Vulnerability）；

r —— 韧力因子（Resilience）；

P —— 坚持力（Persistance）；

A —— 调适力（Adaption）；

T —— 转型力（Transformation）。

5.3　韧性城市系统的韧力表达

5.3.1　城市系统韧力实现过程

韧力有助于城市在缩小扰动风险和适应城市环境变化之间建立联系。区别于传统的基于灾害评估和针对明确灾害的风险管理，韧性包含了更大范围内可能发生却没有预测必要的各种灾害事件（包括压力和冲击）。韧性聚焦于增强一个系统面对多种灾害的能力，而不是预防和减轻特殊事件造成的财产损失。从城市遭受外力扰动以及城市系统的吸纳能力来看，韧性包含防御风险能力、从扰动中的恢复能力和总结转换学习的能力，这些能力对城市而言存在三个阶段：坚持阶段、调适阶段和转型阶段（图5-2）。

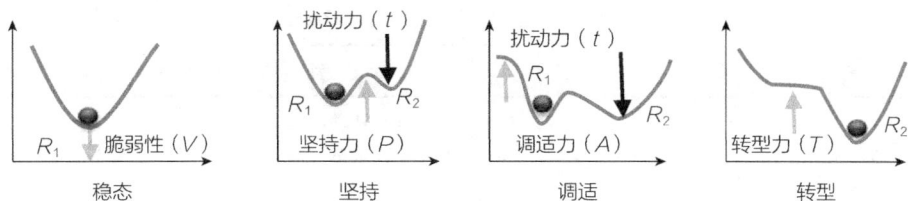

图5-2　城市韧力过程分解

　　第一个阶段为坚持和抵御阶段，这一阶段衡量韧性的因子主要是扰动频率和破坏程度，这个阶段的城市机能水平需要城市的防御设施和措施提前到位；第二阶段为调适和恢复阶段，这一阶段衡量韧性的因子主要是恢复时间和恢复水平，这一阶段的城市机能水平在不断上升，直至恢复到以前的水平；第三阶段为学习和转型阶段，这一阶段之前有一个阈值范围，留给城市进行发展模式的重新选择，转型不成功，可能会导致城市机能水平又开始下降，转型成功则城市机能水平比以前有所提升，城市进入一个全新的发展时期（图5-3、图5-4）。针对每一个阶段都可以有不同的韧性提升策略（表5-1）。

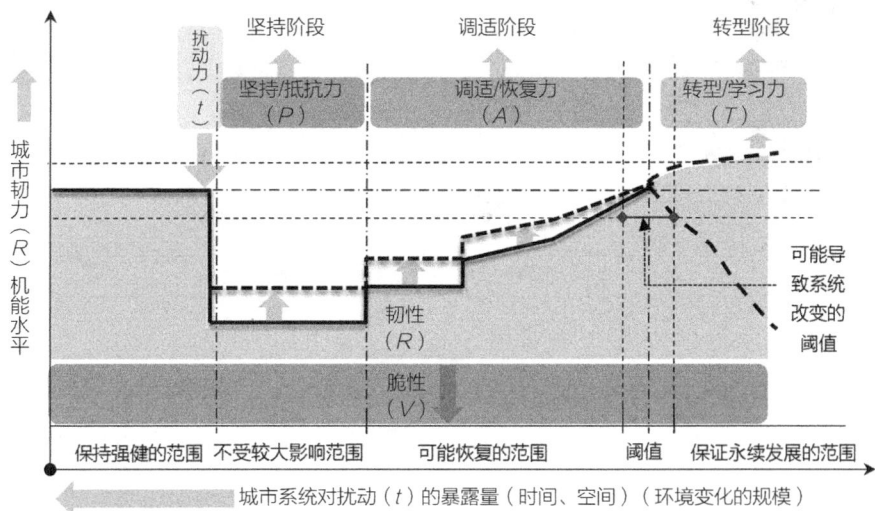

图5-3　城市系统韧力表现过程图

城市系统韧性不同阶段提升策略举例   表5-1

阶段	衡量韧性的相关因子	韧性提升策略（举例）
第一阶段P （坚持阶段）	扰动频率、破坏程度	分辨并加固关键节点； 提高扰动的应对能力，及时跟踪、更新城市系统的最新运作数据提高决策者的决策能力； 调整城市的拓扑结构
第二阶段A （适应阶段）	恢复时间、恢复水平	设计系统的冗余度增加城市自我修复； 自我适应的反应机制； 建立有效的灾后联络通道
第三阶段T （转型阶段）	转型时间、转型代价	提升决策层迅速转型决策的能力

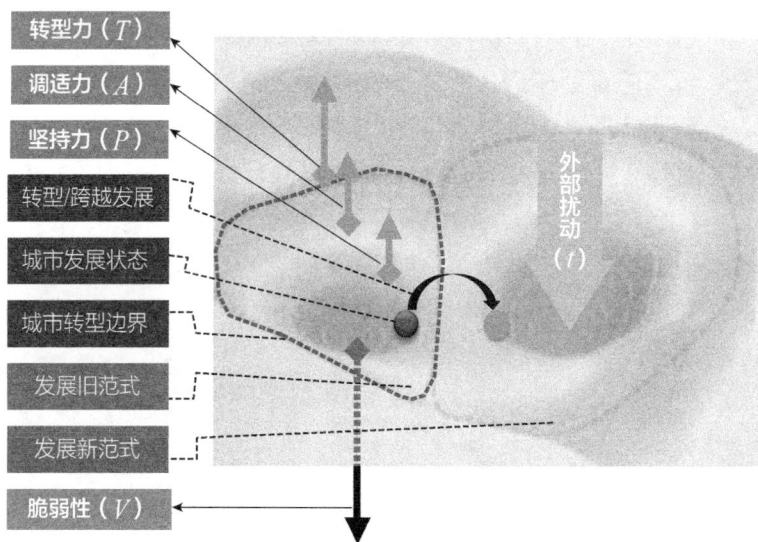

图5-4　城市转型发展"动态球盆模型"图[1]

　　实现具有恢复能力的状态的三大机制或途径：坚持、转变和转型。坚持反映出一项工程原则，即系统应抵抗住干扰（也就是说，建筑足够坚固，能

---

[1] 沃克（Brian Walker），索尔克（David Salt），著. 彭少麟，陈宝明，赵琼，等，译. 弹性思维：不断变化的世界中社会-生态系统的可持续性[M]. 北京：高等教育出版社，2010.

够抵御风暴）以及试图保持现状。虽然保留功能是大部分定义的一个重要组成部分，许多定义同样也提到递增地适应（转变）或更加彻底地变换的能力。特别是当系统处于一个稳定而不为人所期望的状态时，尝试建立恢复系统的目的可能在于有目的地从根本上改变其结构[①]。

5.3.2　城市系统韧力表现形式

前面城市系统韧力从时间维度可以划分为三个阶段，但实际上有些能力并不是完全按阶段划分的，也可以用以下的划分方式来了解韧力的表现形式（表5-2）。

基于城市韧性构建过程的城市韧力表现形式　　　　　　　　表5-2

韧力	表现形式
t对现状认知的能力 （现状认知）	认知和维持周边环境现状的能力，包括对周边物理设施维护和对现行政策的科学评估
T对趋势和未来威胁认知的能力 （未来判断）	基于对现状的认知，对未来趋势和可能发生的风险扰动的识别和感知能力
A从过往经验学习的能力 （学习经验）	总结学习以往各种经验的能力，在类似扰动发生时能够及时有效地应对
R设定目标的能力 （设定目标）	在应对洪涝、气候变化等灾害风险事件方面设定韧性目标的能力，要求视野广阔，多方协作，科学合理设定目标
P具体应对措施的启动能力 （政策实施）	城市当局政策制定和执行的能力
V发动公众参与的能力 （多方参与）	发动公众参与城市韧性构建，在公共政策制定中有一定的公众参与度和公众知情度，对公众关心的问题要及时回应

来源：Lu, P., & Stead, D. Understanding the notion of resilience in spatial planning: A case study of Rotterdam, The Netherlands. Cities, 2013, 35, 200–212.

---

① Folke, C. Resilience: The emergence of a perspective for social-ecological systems analyses[J]. Global Environmental Change, 2006, 16 (3), 253-267.

5.4 韧性城市系统的强健机制

5.4.1 城市系统强健机制分析

在面对城市扰动风险的多样性、复杂性和不可知性时，我们应该牢牢把握城市系统宏观和整体变化的可知性，走出以扰动外在征象探求城市系统内部变化规律的城市复杂科学研究之路。城市系统强健模型如图5-5所示。

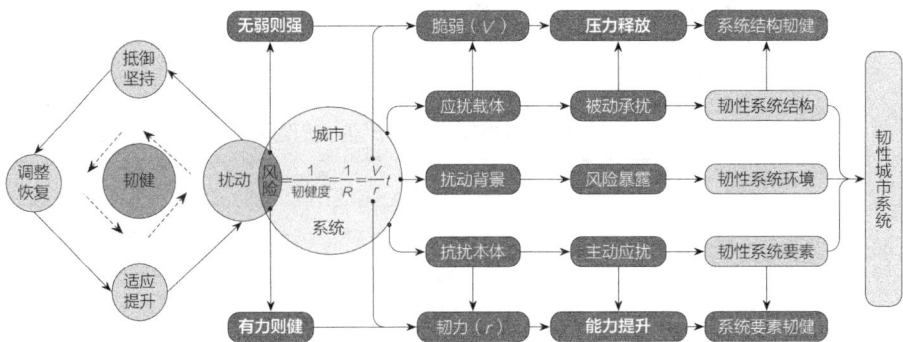

图5-5 城市系统强健模型

因此，为了减少扰动风险，可以通过识别扰动给城市系统带来的脆弱风险表征，重新安置城市系统中的重要人财物，使得它们尽可能少地暴露于冲击危险中（脆弱性）以及通过提高扰动回应及恢复转型的能力两种途径来实现。基于这两种途径，城市系统强健机制（图5-6）便有两种模型，一个是"压力释放"模型，另外一个是"能力提升"模型。扰动背景影响度（Turbulence）一般是客观的，是难以人为控制的。所以提升城市强健水平一

图5-6 城市系统强健机制

般只能从脆弱性（Vulnerability）和韧力（Resilience）两个方面入手，根据不同的优化内涵提出相应的优化策略，最终确保城市系统的整体强健。

5.4.2 "压力释放"机制

第一个机制（图5-7）说明扰动是脆弱性承扰体与扰动因子相互综合作用的结果。由于改变扰动因子是困难的，所以减冲的关键是降低城市系统的脆弱性。

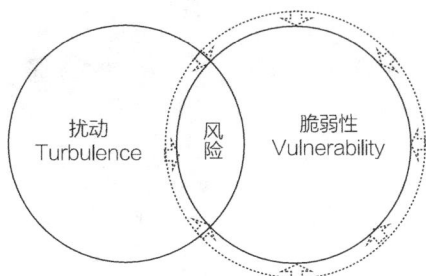

图5-7 "压力释放"机制

5.4.3 "能力提升"机制

第二个机制（图5-8）说明城市本身具有抗扰能力，承扰体同时具有应对扰动以及恢复转型的功能。它表明要提高强健度就必须提升扰动应对能力及恢复转型能力，即增强城市韧性要素的韧力。

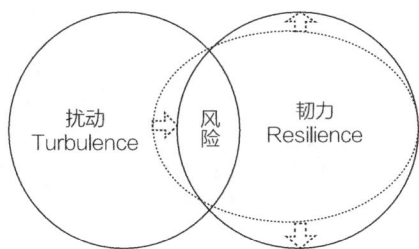

图5-8 "能力提升"机制

5.5 韧性城市系统的演进模式

霍林运用"适应性循环"的比喻和图示，对系统在外部干扰下的动态演化过程进行了清晰的阐述。这里包括四个不同阶段：发展或开发阶段（Growth or Exploitation），存储或积累阶段（Conservation or Accumulation），崩溃和释放阶段（Collapse and Release），以及再组织和更新阶段（Reorganisation and Renewal）。

适应性循环大致可以看作城市复杂系统的一个生命周期，分为4个阶段（图5-9）。

5.5.1 开发阶段（Develpoment/Exploitation）

首先是r阶段，即成长阶段（r），以资源的快速积累、竞争、机遇的把握、多样性和联系度水平的提高为特征，此阶段弹性较大但在不断减弱。

系统经历比较快的增长，然后进入到一个缓慢而保守的K阶段。在这期

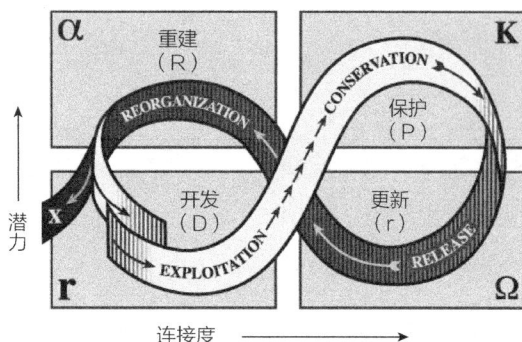

图5-9 韧性城市系统演进模式图

来源：沃克（Brian Walker），索尔克（David Salt），著. 彭少麟，陈宝明，赵琼，等，译. 弹性思维：不断变化的世界中社会—生态系统的可持续性[M]. 北京：高等教育出版社，2010. 改绘。

间，系统的连接度和稳定性增加，并且积累了资本。其积累的资本为土地、技术、人口等。这些增加的资本不仅可被本系统所使用，也可能被其他系统所使用，主要体现的是城市的不断开发和扩大。

5.5.2 保护阶段（Protection/Conservation）

守恒阶段（K），大量资源储存和用于维持系统，因此城市系统成长放慢，进入K阶段的时候，聚集的资金、人口、用地越来越为系统所固持，而排斥其他竞争者对其的使用，即系统的连接度增加、控制力越来越强，而这最终导致过度连接和僵硬的控制，系统的韧力（resilience）降低了，最后意外不可避免地将要发生。

此阶段可以看成是城市的保护阶段，大量资源被储存和用于维持城市系统基本运行，因此系统发展速度放慢，该阶段的特征是稳定、确定、灵活性减少、韧性很小。

5.5.3 更新阶段（Renew/Release）

系统进入Ω阶段时，在某种外界的干扰下，将发生一种突然变化，将其逐渐积累和固持的资源释放，而系统的组织严密性也丧失了。

此阶段之于城市系统则为城市更新阶段，是创造性的破坏阶段，以无秩序的崩溃和释放积累资本为特征，此阶段的弹性小但是在不断增加。对于城市空间系统此时一般是处于折旧建新的过程中，以存量开发为主。

5.5.4 重建阶段（Rebuild/Recognization）

进入α阶段，系统进行重新组织，有可能重复上一循环，也可能进入新的不同的循环。

对于城市系统此阶段为重建或重组阶段，是革新与重构的过程，同时具备最大的不确定性和最大的韧性。

也可把适应性循环看作由两个半环组成，即r阶段和K阶段组成前半环，Ω阶段和α阶段组成后半环。在前半环，系统的发展基本上是确定的、可预测的，而后半环则是不确定和不可预测的，发生了一种"创造性毁灭"。

所以城市系统的发展演进循环也可以由两个半环组成，一个是开发与保护阶段，这个阶段基本上是确定的，可以预测的；另一个是更新与重建阶段，这个阶段是不确定和不可预测的，城市在这个时候一般处于转型发展时期。韧性城市系统演进阶段如图5-10所示。

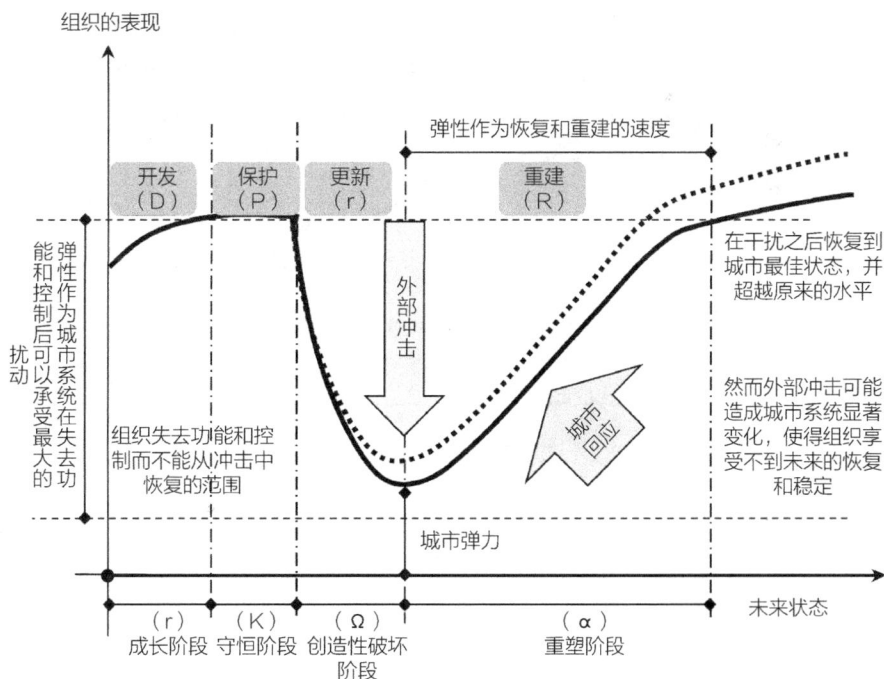

图5-10 韧性城市系统演进阶段图

5.6 韧性城市系统的理论框架

在现有的对于城市韧性的专门化研究成果中，缺乏系统化的框架构建，笔者试图基于前文关于城市韧性的哲学理论基础，搭建一个系统化的理论框架（图5-11）。

首先分别用整体论和还原论来认识城市的复杂性和精确性，进而超越还原论并发展整体论，深入了解城市系统结构和系统要素。运用老子的"有欲观"法和"无欲观"法互相配合，由"徼"及"妙"，又由"妙"及"徼"，互为体用、反复验证，直至完美获取城市系统真实的神形全貌。

然后针对城市扰动问题，用中医理论的语言来说，就是对城市系统进行整体的"预防调理"来解决城市系统结构韧健问题，对城市系统进行局部"辨证施治"来解决城市系统要素韧健问题。

最后结合系统论的系统环境、系统结构和系统要素形成城市扰动问题的3个方面内容：城市系统结构韧健、城市系统要素韧健、城市系统发展韧健，进而构建城市系统韧健的基本理论框架。

韧性城市系统分析框架的构建，目的在于如何从韧健的角度将城市系统进行拆分解析，找到与韧健有关的韧健因子，并找出因子之间的内在相互关系和内涵，将大问题分解成小问题，找出存在的问题主要在哪里，从而为进一步寻找韧性城市系统的实现途径奠定基础。

如果说城市系统韧健是韧性城市系统强健的目标，则可以提出3大基本准则和8大韧健因子，这可以为以后的城市系统韧健评估提供基础（表5-3）。

城市系统韧健体系概念框架表　　　　　　　　表5-3

总体目标	基本准则	韧健因子
城市系统韧健	系统环境韧健	经济环境
		社会环境
		生态环境
	系统结构韧健	空间格局
		组织架构
	系统要素韧健	应扰政策
		适应设施
		提升行动

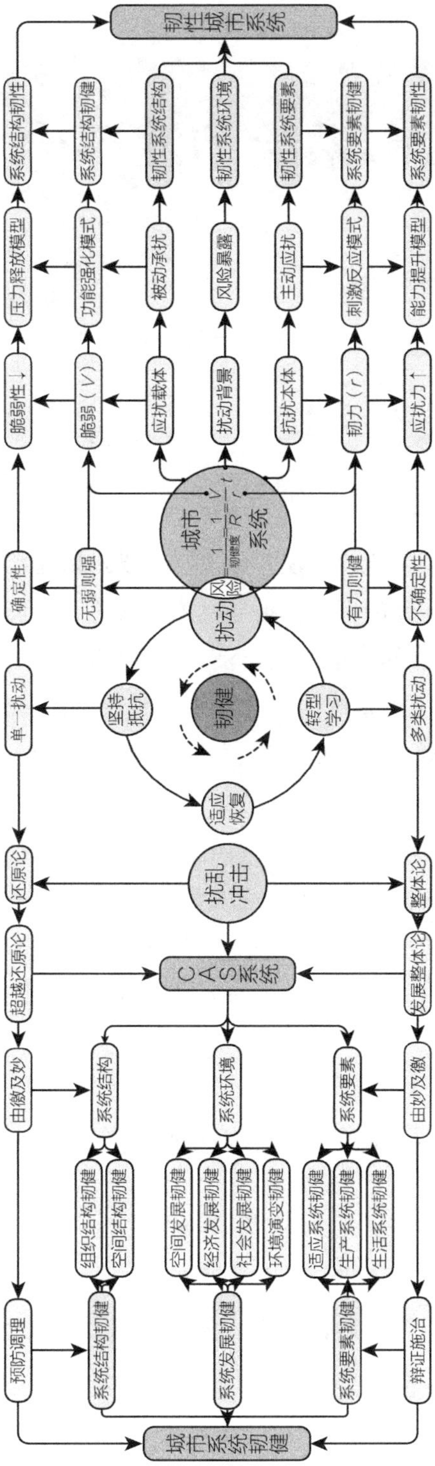

图5-11 "韧性城市系统"理论框架图

第6章
城市系统韧健评价方法研究

　　前文主要是从内涵、概念、模型、机制、模式和框架方面进行一般化的理论研究，但是从一般化的理论到指导具体实践还有很长的路要走。韧性城市系统理论在面对具体的城市和城市发展建设实践时，有两步是比较关键的，其一是评价对象城市系统的韧健水平，其二是基于评价结果构建韧性城市系统（或提出强健措施）。前者是认识对象的过程，后者是改造对象的过程。

　　本部分的主要内容是韧性城市系统的评价体系研究，即将韧性城市系统的一般理论与具体的可观测的城市发展建设实践活动相联系，用Delphi-AHP法层层确立寻找一系列关键韧健因子，并将之系统化为有权重的评价体系。通过对这些关韧健因子的考察，可以对韧性城市系统的状态有一个全面的了解。

6.1　城市系统韧健综合评价方法概述

6.1.1　总体评价思路

　　城市系统韧健体系构成了一个开放复杂巨系统，城市系统韧健评价指标体系的研究是一个定性与定量分析相结合的问题。一般的评价研究需要经历3个步骤：总体目标的确立、一系列关键韧健因子的权重设置和一般评价分析过程设计。

其中总体目标的确立是根基，决定了评价体系的方向；一系列关键韧健因子的权重设置是核心内容，构成了评价体系的主体内容，也在很大程度上决定了评价体系是否科学和有效；一般评价分析过程设计则是实施该评价体系的过程和方法设计。笔者通过构建多层次的综合评价体系，达到对城市系统韧健的全貌考察和模拟。

6.1.2 模糊综合评价

模糊综合评价法是一种基于模糊数学的综合评标方法。该综合评价法根据模糊数学的隶属度理论把定性评价转化为定量评价，即用模糊数学对受到多种因素制约的事物或对象作出一个总体的评价。它具有结果清晰、系统性强的特点，能较好地解决模糊的、难以量化的问题，比如方案评价、重要项目的影响因素筛选等，适合各种非确定性问题的解决，对于多层次、多因素的复杂问题评判效果较好。

在根据城市本身特点建立符合实际的城市系统等级分类的前提下，本书综合考虑城市系统环境、城市系统结构、城市系统环要素等多方面因素，建立城市系统韧健评价的多层评价指标体系，运用层次分析法计算底层评价指标对城市系统分类的影响权重；引入模糊数学概念，建立多位专家依据单因素对城市系统进行分类评价方法，构建模糊判断矩阵；运用模糊综合评判方法来实现对城市系统的韧健等级贴近程度计算，从而求出待估对象的韧健度分值大小。

6.2 城市系统韧健综合评价体系构建

6.2.1 城市系统韧健评价体系构建原则

能否科学地设置城市系统韧健评价体系（英文名可为City System Resiliencyness Assessment，简称CSRRA）是城市系统韧健评价成功与否的关键。科学的城市系统韧健评价因子要准确地评价城市系统韧健的基本状况。对城市系统韧健进行评价的最终目的，是为了找出城市韧健措施中的问题，以便强健城市系统。分析过程中本研究遵守下面4个基本原则。

1. 科学性

指标的设计应该科学，指标的选取应该符合区域整体发展需要。CSRRA既是一个理论上探讨的问题，同时也是实践中的问题，CSRRA指标的定义、计算方法等不能离开CSRRA及其相关概念的基本理论，每一个指标的名称、定义、解释、计算方法、分类等要讲究科学性、真实性、规范性。

2. 层次性

CSRRA是一个包含几个层次的复杂系统，它可以分解成为若干个小系统，指标体系应该包含自上而下的各个层次。

3. 稳定性和动态性相结合

既要有反映当前情况的指标，也要有反映变化的动态指标。但是指标体系应该在一定的时间内保持一种相对稳定的状态，以便于衡量一定时期内CSRRA的发展状况。

4. 定性与定量相结合原则

任何事物都具有质的规定性和量的规定性，但对于一些在目前认识水平下难以量化且意义重大的目标，可以用定性指标来描述。

6.2.2　城市系统韧健评价体系层次构成

笔者界定的韧性城市系统的评价体系由三个层次构成，即目标层、准则层和因子层（表6-1）。

城市系统韧健评价系体　　　　　　　表6-1

目标层A	准则层B	因子层C	综合因子
城市系统韧健	城市系统环境韧健	经济环境	扰动因子t
		社会环境	
		生态环境	
	城市系统结构韧健	空间格局	易损因子V
		组织架构	
	城市系统要素韧健	应扰政策	抵抗因子P
		适应设施	适应因子A
		提升行动	转型因子T

1.目标层（A）

指总体的目标界定，是对构建整个评价体系的总的方向和领域的界定，所有的准则、领域、因子和指标，都是为了实现这一目标层而构建的。本次研究的总体目标，就是评判对象城市系统的韧健状况。目标的核心是对城市系统的考察，韧健是对这种城市系统状态的限定。是实现韧健的城市系统的抽象化总结。评价体系的构建，目的在于评价对象城市目前的城市系统在韧健的指标中处在什么状态，存在的问题主要在哪里，从而为进一步寻找韧性城市系统的实现途径奠定基础。

2.准则层（B）

指目标层确定后，将总体目标进行分类，形成要实现该目标的基本准则，作为评价体系的准则层内容。本次研究从系统论的角度，界定韧性城市系统包括系统环境韧健、系统结构韧健、系统要素韧健三个基本准则，分别对应了一个典型系统的结构、要素和环境三个基本方面。但是这三个基本准则，还无法形成直接可观测的指标对象，因而还需要通过领域层和指标层的界定，使其进一步具体化和可度量化。

3.因子层（C）

因子层是将领域层界定的领域具体化为可观测的对象指标的系列化成果。本次研究选定了一系列因子。由于涉及因素的复杂性，本次研究确定的经济环境、社会环境、生态环境、空间格局、组织架构、应扰政策、适应设施、提升行动8项因子指标依然具有一定的综合性。

6.3 城市系统韧健模糊综合评价过程

为了对城市系统韧健进行较为客观的定性评价，将一种新的集成评价方法运用到评价中，Delphi-AHP-FCE综合集成法是根据改进的Delphi（德尔菲法）、Analytic Hierarchy Process（层次分析法，简称AHP法）、Fuzzy Comprehensive Evaluating（模糊综合计算法，简称FCE法）的各自特点将其分别用于相应评价步骤的一种综合集成方法。

6.3.1 确定综合评价层次模型

结合前文的评价层次体系绘制城市系统韧健模糊综合评价层次模型图（图6-1）。从而确定评价因子集：包括目标层A，准则层B，因子层C，即评价对象的因素集合A={B$_1$，B$_2$，B$_3$}，B={C$_1$，C$_2$，…，C$_8$}。A为目标层，即城市系统韧健，B为影响A的准则层，C为影响B的因子层。

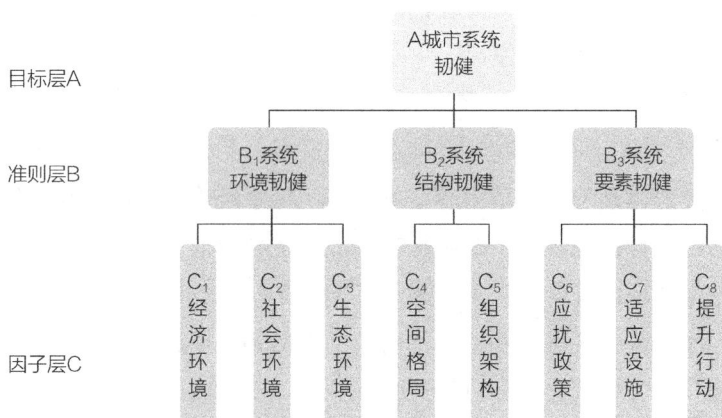

图6-1 城市系统韧健模糊综合评价层次模型图

6.3.2 确定韧健水平等级论域

评价以定性分析为主，针对各项因子的实际情况进行分析，评价其反映的城市系统韧健水平，确定综合评价韧健等级论域，用"很差、较差、一般、较好、很好"五个等级表示。

城市系统韧健水平综合评分按5个档次予以评估测定（表6-2）。

城市系统韧健评定等级类别划分标准分值表　　表6-2

城市系统韧健水平综合分值	类别等级
$0 \leqslant S < 2$	很差
$2 \leqslant S < 4$	较差
$4 \leqslant S < 6$	一般
$6 \leqslant S < 8$	较好
$8 \leqslant S \leqslant 10$	很好

6.3.3 运用Delphi-AHP法确定权重

运用Delphi法征求专家意见，由专家对层次模型的各层组成元素进行两两比较，得到判断矩阵。具体问卷情况如下。

样本数量：共有23位专家参与本次问卷调查，共收到有效网络问卷18份，有效纸质问卷4份，无效问卷1份，问卷有效率95.65%（图6-2）。

将专家的背景进行统计分析，发现有35%来自高校，有22%来自科研院所，有17%来自企业，有26%来自政府部门（图6-3）；其中，正高职称占27%，副高职称占37%，中级职称占27%，其他占9%（图6-4）。

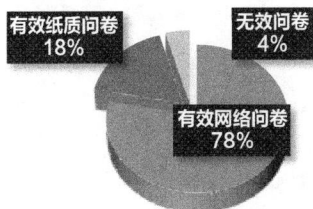

图6-2 "韧性城市系统评价体系研究AHP专家调查问卷"数量分析

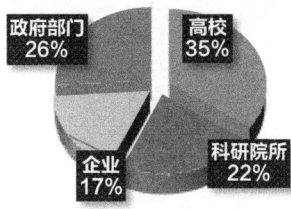

图6-3 "韧性城市系统评价体系研究AHP专家调查问卷"专家背景分析

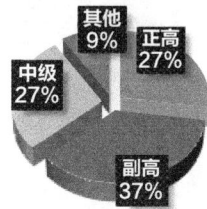

图6-4 "韧性城市系统评价体系研究AHP专家调查问卷"专家职称分析

整个Delphi法征求专家意见进行了三轮，本研究将最后一轮的数据作为用AHP法求出权重系数的依据。

运用AHP法求出其权重系数，并进行一致性检验。AHP法将决策者的经验判断量化，在目标（因素）结构复杂且缺乏必要数据情况下更为实用。层次分析法基本思想是根据问题的性质和要求达到的目标，将问题按层次分解成各个组成因素，通过两两比较的方式确定诸因素之间的相对重要性（权重）、下一层次的重要性，即同时考虑本层次和上一层次的权重因子，这样一层层计算下去，直至最后一层。比较最后一层各个因素相对于高层的相对重要性权重值，进行排序、决策。

1. 确定B层因子的相对权重

针对图6-1中所确定的评价体系，计算B层因子相对权重。

根据标度表（表6-3），针对上一层次目标A对B层因子进行比较，得到判断矩阵$A=(a_{ij})_{3\times3}$，计算因子B_i（i=1，2，3）对目标A的权重ω_i，见式（6-1）：

$$\omega_i = \frac{\sqrt[3]{\sum_{j=1}^{3} a_{ij}}}{\sum_{i=1}^{3} \sqrt[3]{\sum_{j=1}^{3} a_{ij}}}, \quad i=1, 2, 3 \qquad (6-1)$$

因素比较标度表　　　　　　　　　　　　　表6-3

标度a_{ij}	含义
1	因素i与j同等重要
3	因素i比j略微重要
5	因素i比j较为重要
7	因素i比j非常重要
9	因素i比j绝对重要
2，4，6，8	因素i，j重要程度之比介于相邻等级之间
1，1/2，……，1/9	因素i，j重要之比与上相反

来源：谷盛源. 运筹学[M]. 重庆：重庆大学出版社，2001。

计算判断矩阵最大特征值，见式（6-2）：

$$\lambda_{max} = \sum_{i=1}^{3} \frac{\sum_{j=1}^{3} a_{ij} \omega_j}{3\omega_i} \qquad (6-2)$$

检验判断矩阵一致性，首先计算矩阵一致性指标CI，见式（6-3）：

$$CI = \frac{\lambda_{max} - n}{n-1} \qquad (6-3)$$

AHP法的主要优点是将决策者的定性思维过程定量化，但在模型化过程中必须保持判断思维的一致性。在判断矩阵A上，即要求各元素a_{ij}应满足：对任意$1 \leqslant k \leqslant n$，有$a_{ij}=a_{ik}/a_{jk}$。这是对应判断矩阵最大特征值的特征向量为因素权重的前提条件。为了度量不同阶判断矩阵是否具有满意的一致性，引入平均随机一致性指标RI值。查找平均随机一致性指标RI，当判断矩阵的随

机一致性比例 $CR=CI/RI<0.10$ 时，认为判断矩阵有满意的一致性，否则需要调整判断矩阵。

当各因子对目标的权重满足一致性要求时，权向量 $\omega=(\omega_1, \omega_2, \omega_3)$ T 表示B层因子相对于目标A的权重。对各专家施以不同权重，利用各专家判断矩阵加权几何平均法计算出最终权重。城市系统韧健的相对重要性评估如表6-4所示。

城市系统韧健的相对重要性评估表 表6-4

城市系统韧健	系统结构韧健	系统要素韧健	系统环境韧健	权重ω_i
系统环境韧健	0.2000	0.1667	1.0000	0.0780
系统结构韧健	1.0000	0.3333	5.0000	0.2872
系统要素韧健	3.0000	1.0000	6.0000	0.6348

说明：一致性比例为0.0904；对"城市系统韧健"的权重为1.0000；λ_{max} 为3.0940。

2. 确定C层因子的相对权重

B层因子权重确定后，进一步计算下一层因子的重要性关系，即建立 C_1，C_2，C_3 对 B_1 的判断矩阵、C_4 和 C_5 对 B_2 的判断矩阵、C_6，C_7，C_8 对 B_3 的判断矩阵，据此计算C层各因子相对B层因子的权重（表6-5～表6-7）。

系统环境韧健的相对重要性评估表 表6-5

系统环境韧健	经济环境	生态环境	社会环境	权重ω_i
经济环境	1.0000	0.3333	4.0000	0.2797
生态环境	3.0000	1.0000	5.0000	0.6267
社会环境	0.2500	0.2000	1.0000	0.0936

说明：一致性比例为0.0825；对"城市系统韧健"的权重为0.0780；λ_{max} 为3.0858。

系统结构韧健的相对重要性评估表 表6-6

系统结构韧健	空间格局	组织架构	权重ω_i
空间格局	1.0000	4.0000	0.8000
组织架构	0.2500	1.0000	0.2000

说明：一致性比例为0.0000；对"城市系统韧健"的权重为0.2872；λ_{max} 为2.0000。

系统要素韧健的相对重要性评估表　　　　　表6-7

系统要素韧健	适应设施	应扰政策	提升行动	权重ω_i
适应设施	1.0000	5.0000	3.0000	0.6370
应扰政策	0.2000	1.0000	0.3333	0.1047
提升行动	0.3333	3.0000	1.0000	0.2583

说明：一致性比例为0.0370；对"城市系统韧健"的权重为0.6348；$\lambda_{\max}$为3.0385。

3. 计算C层因子的综合权重

根据以上步骤结果，设C层因子相对于因子B_j的权重为：C_8，$\cdots$，C_{ij}（$j=1$，2，3，）。当C_i与B_j无关系时，取$C_{ij}=0$，$\omega=(\omega_1，\omega_2，\omega_3)^\mathrm{T}$为C层因子相对于目标A的权重，计算$C_i$相对目标A的综合权重，见式（6-4）：

$$\beta_i = \sum_{j=1}^{3} \omega_j C_{ij}, (i \quad 1,2,\cdots,8) \qquad （6-4）$$

当矩阵满足一致性要求时，权向量$\omega=(\beta_1，\cdots，\beta_{11})^\mathrm{T}$即表示C层因子对目标A的综合权重（表6-8）。

C层因子对目标A综合权重表　　　　　表6-8

C层因子	C层因子	综合权重ω
C_1	经济环境	0.0218
C_2	社会环境	0.0073
C_3	生态环境	0.0489
C_4	空间格局	0.2298
C_5	组织架构	0.0574
C_6	应扰政策	0.0665
C_7	适应设施	0.4044
C_8	提升行动	0.1640

4. 各层因子综合权重分析

结合B层和C层因子的相对权重也可以计算出它们的综合权重，一并形成城市系统韧健评价体系的综合权重一览表（表6-9），并可以绘出各层综合权重图（图6-5、图6-6）。

城市系统韧健评价体系各层因子权重一览表　　　表6-9

目标层A	准则层B	权重ω_b	因子层C	权重ω_c
城市系统韧健	城市系统环境韧健	0.0780	经济环境	0.0218
			社会环境	0.0073
			生态环境	0.0489
	城市系统结构韧健	0.2872	空间格局	0.2298
			组织架构	0.0574
	城市系统要素韧健	0.6348	应扰政策	0.0665
			适应设施	0.4044
			提升行动	0.1640

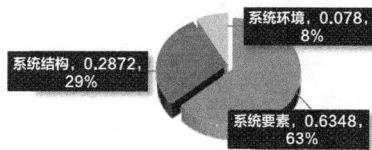

图6-5　B层因子对目标A综合权重图　　　图6-6　C层因子对目标A综合权重图

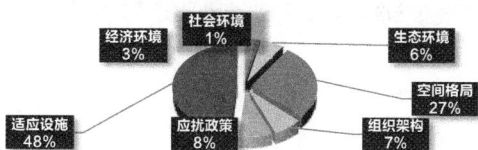

6.3.4　运用FCE法模糊综合评价城市系统韧健水平

1. 单因素评价并构建韧健水平模糊判断矩阵

由专家依据分类评语集评定待估城市在各因子上隶属不同等级的得分，数值越大，表示待估城市在该评价因子上对于该分类的贴近程度越大。具体评分过程为如下。

设专家集合为$P=\{p_1, \cdots, p_n\}$，专家权重集合为$K=\{k_1, \cdots, k_n\}$，评分结果（十分制）为$f_j(c_i, p_t)$，表示专家p_t给出的待估城市在因子C_i上对于分类j隶属度得分，且满足式（6-5）：

$$\sum_{j=1}^{5} f_j(d_i, p_t) = 8 \tag{6-5}$$

$r_{ij}\in[0,1]$，表示综合多专家意见得出在评价因素i上对于分类j的隶属度，由此得到单因素模糊判断矩阵$R=(r_{ij})_{8\times5}$，见式（6-6）：

$$r_{ij} = \frac{1}{8}\sum_{t=1}^{n} k_t f_j(c_i, p_t) \tag{6-6}$$

2. 综合算子计算韧健水平模糊综合评价结果

将D层次因子综合权重向量ω以及单因素评判矩阵R合成求得模糊综合评价集$S=\omega\cdot R$。选用综合算子$O(\cdot, \oplus)$进行模糊关系的合成,按照最大隶属度原则处理合成结果,确定待估城市系统的韧健水平等级。

本章主要是对城市系统韧健评价方法作了一个整体介绍,从评价方法概念到评价体系构建,再到模糊综合评价过程的介绍,基本上已经将整个城市系统韧健评价模型建立起来了,如果能针对具体城市找到关键标准因子,则可以对其进行综合打分。

通过对具体城市强健前后的综合对比,可以发现某些强健措施是否有效,哪些策略和措施还有待加强,这对于构建韧性城市系统意义非常大。城市系统韧健评价方法框架如图6-7所示。

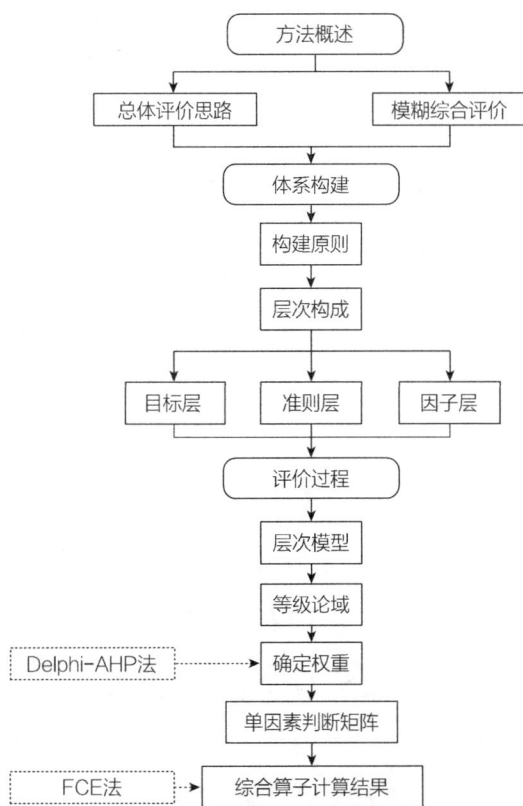

图6-7 城市系统韧健评价方法框架图

第7章
韧性城市系统强健方法研究

作为一个新兴的学术研究热点，韧性城市研究从理论探讨到实践应用还存在许多问题和困难。由于韧性概念本身具有内在冲突和矛盾，比如稳定和动态变化、动态平衡和演进，使得探讨概念本身和架构相应理论还不够，还要研究达到怎样的韧性状态以及如何达到韧性状态。这需要首先对系统建立深刻的认知，以适应性循环（Adaptive cycle）的扰沌模型（Panarchy model）为基础，在韧性城市系统强健方法上有所突破，韧性城市理论的工具化是研究的一个难点。

7.1 韧性城市系统的强健目标

适应性循环的扰沌模型被一些学者进行了深化。鲁佩文（Peiwen Lu）和多米尼克·斯待德（Dominic Stead）认为韧性可被解释为系统的强健性（Robustness）和迅速性（Rapidity）。系统的强健性取决于系统在吸收和应付不确定性干扰时的强度，而迅速性取决于系统重新达到一个新稳态时的组织韧性。

例如在一个易发生洪水的地区，韧性表现在其洪水发生前的准备和洪水发生后的反应和管理中。洪水发生前，脆弱地区的建筑类别、洪水控制系统、洪水风险管理等都是系统强健性的表现；洪水发生后，城市的市政排水系统、快速反应机制、损失修复、救助服务、财政支持和未来发展等都是系统迅速性的体现。在灾害发生后，城市的新状态未必需要恢复到和从前完全相同的稳定状态。

7.1.1 "非均衡"发展实现城市"韧健"

首先我们要探讨一个问题：韧性是为了生存还是稳定？

其实，韧性城市应倾向于多态均衡或动态非均衡的稳定，不再是关于生存了。下面将从韧性城市的均衡理念经历的三个阶段来研究。

1. 静态均衡（stable state）

单一状态均衡指系统在干扰后恢复到先前均衡状态的能力，它经常被视为"工程韧性"，在灾害管理、心理学和经济学领域同样十分盛行。

2. 多态均衡（multiple-state）

多重状态均衡假定系统有不同的稳定状态，并且在面对干扰时可以进行变换，即从一个稳定领域跃至另外一个稳定领域[①]。近年来，均衡观念受到动态非均衡观念的挑战，后者认为系统是恒常变化的，并没有稳定状态。这一进步使韧性理论更加远离"恢复原状"的理念。

3. 动态非均衡（dynamic non-equilibrium）

与此同时，城市韧性学术研究的发展渐渐偏向于动态非均衡的韧性概念。举个例子，埃亨（Ahern）坚持具有韧性的城市系统是"安全—防御"的，与"防御—安全"截然相反，反映出一个非均衡的观点。类似地，对于遭受自然灾害威胁的群体，廖桂贤（Liao）认为工程韧性是一个"已经过时的均衡范式"。

城市系统的这一复杂、动态的特征，使受到干扰后的状态基本上不可能再返回到先前的状态。如气候变化和城市化将有可能进一步恶化城市本已不稳定的本质。城市其实是处于恒常变化中的，不可能存在稳定状态。韧性还应该包括一个城市力争实现的愿景的涵义。

城市是不断变化发展的，并不存在一个均衡状态，城市总是在保留关键

---

① Holling, C. S. Engineering resilience versus ecological resilience[M]//P. Schulze. Engineering within ecological constraints. Washington, D.C.: The National Academies Press, 1996: 31-43.

功能的同时，不断调整运行状态和寻找发展转型机会，在应对各种冲击中不断更新和重建以实现城市永续强健发展。

7.1.2 城市韧性应实现其"积极"意义

勒科克（Leichenko）认为"韧性作为一个有助于可持续发展的积极特征的理念被广泛接受"。布朗等人（Brown et al.'s）的定义的积极意味最明确：城市韧性的能力不仅是维持基本作用，还在于改善城市与促进城市繁荣。

在更加关注平衡的定义中，城市韧性被理解为一种受到干扰后返回到"正常"或稳定状态的能力。但是，如果原始状态并不是人们所期望的呢？某些条件（例如贫困，专制，化石燃料依赖性）是人们极度不期望的，但它们却具有极强的恢复能力。确定什么是或不是一个期望状态需要规范判断。并非所有的利益相关者都能够从基于韧性的活动中均等受益，且这一概念可以用于促进新自由主义议程或保持系统性的不平等。因此，社会理论学家提出这两个问题："韧性这个概念为谁而设？其过程是由什么到什么？"。权利的不平等同样可以确定谁的韧性决议被优先执行。这些观点都说明韧性应该代表着一种改善城市与促进城市繁荣的积极意味。

7.1.3 提升韧性是为了城市的"永续"发展

1987年，世界环境与发展委员会在《我们共同的未来》一书中正式提出可持续发展（Sustainable Development），其概念为"既满足当代人的需求，又不对后代人满足其自身需求的能力构成危害的发展"。永续城市包括经济、环境、社会、人口和政治的永续。

韧性城市是城市居民和机构功能在面临扰动时能够有效运转并恢复的能力，这就意味着城市能够应对意想不到的干扰并且适应变化，同时生态系统服务及人类的社会经济活动必须相互平衡。从这一意义上来说，社会经济系统的韧性概念与永续发展的概念密切相关。

可以看出，韧性城市的概念是"城市中的个人、社区、机构、企业和系统无论受到何种慢性压力和急性冲击的影响，都具备的生存、适应和成长的能力。"

韧性思想的提出标志着城市研究者对永续发展的意义和实现模式有了全

新的认知。

基于韧性理论，可以归纳出引导城市永续化的一般策略。

1．全面分析变量

在分析城市的动态变化时，应将社会和生态系统相结合，全面系统地分析影响城市发展的驱动因素和可能使城市陷入危机的变量。

2．减少脆弱性

重视城市脆弱性研究，避免城市受到毁灭性打击。

3．化危为机

在复杂多变的环境下，有效应对城市发展面临的不确定性和危机。危机通常是危险与机会并存的时刻，有可能成为变革、更新和转化的机会，积极地应对危机，可能会激发产生新的解决方案，从而形成新的发展路径。

4．转变范式

将思维和行动方式由"指挥控制"转为"学习和适应"。

韧性思维意味着规划和决策方式上的范式转变：由保守的或官僚的思维方式，转变为更有预见性、更灵活、合作和共同承担责任的思维方式。

5．适时转型

提高城市的适应能力，以应对不断变化的环境和干扰，并在关键的时刻，成功实现转型。

7.2 韧性城市系统的强健模型

测度典型城市韧健度后，笔者针对不同的方面提出提升城市系统韧健水平的五种途径：减少外部扰动概率（t）、降低城市脆弱性（V）、提高坚持/抵抗力（P）、提高调适/恢复力（A）和提高转型/学习力（T）。

从城市发展SWOT分析模型的角度，可以针对城市当前面临的优势（S）与劣势（W）分析其脆弱性，针对城市当前面临的机遇（O）和挑战（T）分析其外部扰动概率，并从未来城市发展不确定性的时间维度上确定坚持（P）、适应（A）和转型（T）三个阶段的应对措施，由此提出适合典型城市韧健发展的城市强健模型，供政府进行城市发展决策。城市强健方法模型如图7-1所示。

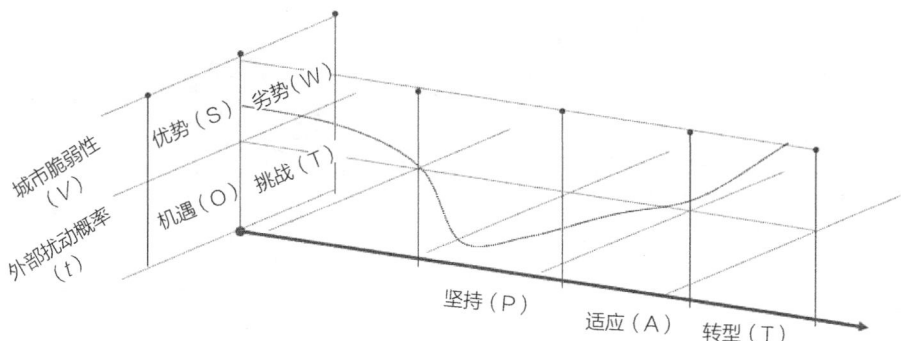

图7-1　城市强健方法模型图

7.2.1　韧性城市系统机能曲线

关于韧性城市系统的韧力表达，笔者依据相关领域的研究成果（李亚等，2016；郭小东等，2016），绘制了系列图表来构建韧性城市系统的强健模型（图7-2、图7-3）。用横坐标表示时间，纵坐标表示城市某一系统的功能，如供水能力、供电能力，也可以是多个单一系统功能的综合度量。在扰动和冲击发生以前，可以假定城市维持100%正常运转的功能。

7.2.2　城市系统韧力损失公式

在t_0时刻，由于城市遭受了某种扰乱和冲击事件，系统功能将从100%的运转功能降低到某一程度。而城市韧力将把系统功能从一个较低的水平在一

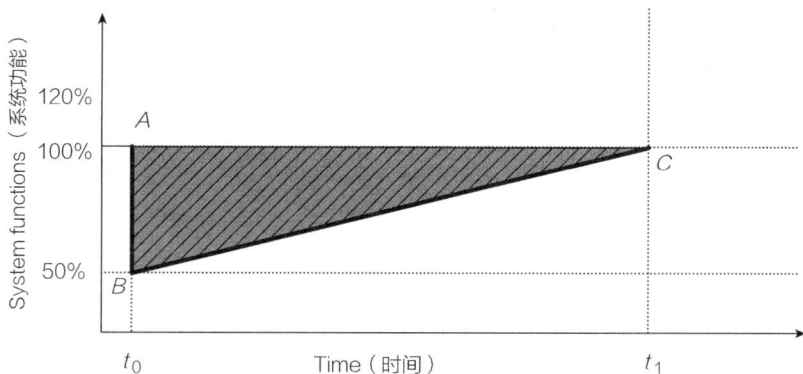

图7-2　城市系统韧力损失量化概念图

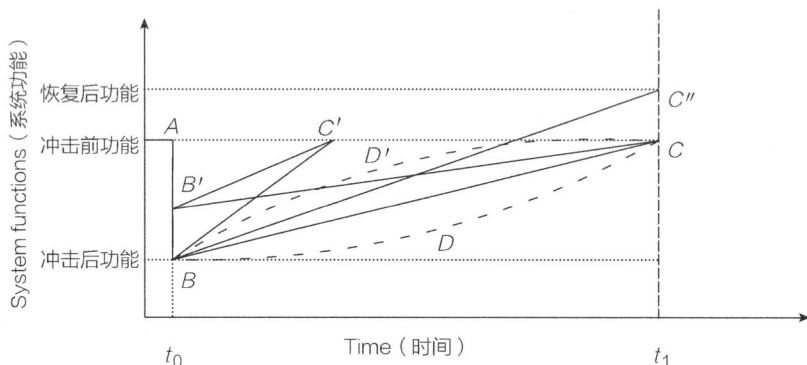

图7-3 韧性城市系统机能曲线图

定时间内（t_1-t_0）恢复到系统初始状态（100%）。因此，可以把城市在遭遇扰动后的预期功能损失（如某一系统失效概率）和系统功能恢复时间作为评估城市韧力的指标，用R'来表示。则韧力损失指标R'可用公式表示为：

$$R' = \int_{t_0}^{t_1}\left[100 - Q(t)\right]\mathrm{d}t \qquad (7-1)$$

其中$Q(t)$表示t时刻某系统的功能水平。显然从以上公式可以看出，R'可以用图7-3中ABC围合区域的阴影面积S_{ABC}来表示，冲击发生后预期功能损失越小、系统功能恢复的时间越短，则城市韧性损失越小，说明城市的韧性越好。

需要说明的是，以上公式中忽略了一个问题，即城市日常对防灾减灾能力建设的投入以及灾后救援期间对功能恢复的投入，如果一个城市投入巨量的资金去进行防灾设施建设，并且在遭受灾害破坏后，倾全城之力（乃至全国之力）去集中救援，这虽然能够缩短灾后功能恢复的时间，但在某种程度上并不能说明城市具备较高的韧性能力。因此考虑防灾救灾投入后，以上公式可修正为：

$$R' = \int_{t_0}^{t_1}\left[100 - Q(t)\right]\mathrm{d}t + \int_{t_0}^{t_1}S(t)\,\mathrm{d}t \to \min \qquad (7-2)$$

以上公式中$S(t)$表示在t时刻防灾减灾活动付出的投入（如资金、人员或救援设备等），因此一个城市具有较好的防灾韧性能力，可以表示为在一定的灾害风险水平下，城市遭受预期损失较小，并用较少的投入使得城市恢复到预期功能所持续的时间最短。

图7-3中的 BC 段可以定义为功能恢复力曲线。不同的城市形态在应对灾害时，将体现出不同的功能恢复力曲线。

7.3 韧性城市系统的强健途径

根据对城市在扰动前缺乏韧性的原因分析，借鉴国外发达国家建设韧性城市的理念，在城镇化进程的新常态下，为了提高城市抵御自然灾害和突发事件的能力，提出韧性城市建设的主要途径如下。

7.3.1 减少外部扰动概率（ $t\downarrow$ ）

对应于图7-4中，即减少 t_0 时刻出现扰动和冲击的概率。扰动发生的时间往后延，则韧力损失面积由 S_{ABC} 缩小到 $S_{A'B'C}$ 。

为了改变城市扰动环境，需要在城市总体规划的前期，对城市潜在发生的扰动源进行一次全面的风险评估，从而确定影响城市的主要扰动源是什么、影响的程度如何、城市在潜在扰动源下的高风险区处于什么地方，进而我们可以采取一系列措施去减轻扰动源的影响。例如，对城市漏斗区应停止开采地下水，将城市重大火灾和爆炸危险源迁往安全的地带，停止荒山毁林以减轻地质灾害的发生可能性，加强对城市地下输油管线、气管线的监测等。

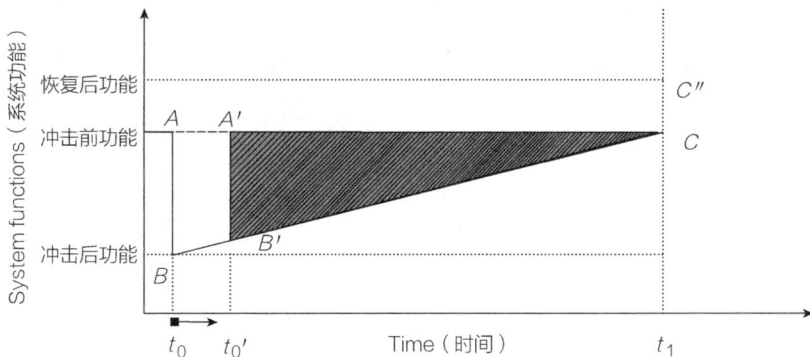

图7-4 减少外部扰动概率之韧力损失图

7.3.2 降低城市脆弱性（V↓）

对应于图7-5中，即减少*AB*段的长度。扰动发生的城市受到的破坏减少，则韧力损失面积由S_{ABC}缩小到$S_{AB'C}$。也就是发生扰动时，尽可能减小扰动对城市承扰体的影响和破坏。同样大小的扰动，在不同的国家、不同的城市甚至城市内不同的街区造成的损失都不尽相同，其主要原因就在于承扰体的脆弱性不一样。韧性城市建设要多修炼内功。

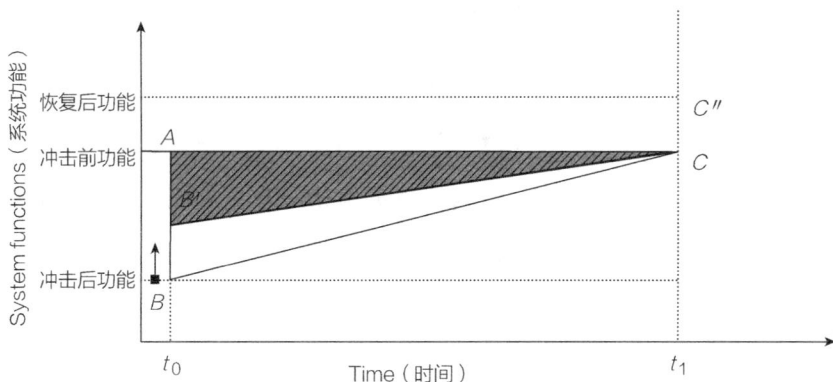

图7-5 降低城市脆弱性之韧力损失图

7.3.3 提高坚持/抵抗力（P↑）

对应于图7-6中，体现为*BC*段曲线的形式。一个城市如果空间布局合理、次生扰动源管控良好，冲击发生后发生次生冲击的可能性将降低，冲击后功能在初期即可迅速得到恢复。此外，城市如果具有高效的应急预案，储备有可调用的应急救灾物资，有冗余的供水供电设施，有随时可以启用的应急避难场所，这些都将在灾后初期大大提高系统的功能恢复程度，呈现出如图7-6中曲线*BD'C*的形式。否则会呈现的是*BDC*的形式。

7.3.4 提高调适/恢复力（A↑）

对应于图7-7中，即缩短*AC*段的时间，也就是使得城市灾后恢复到原有功能的时间尽可能短。扰动发生后恢复时间提前，则韧力损失面积由S_{ABC}缩小到$S_{ABC'}$。

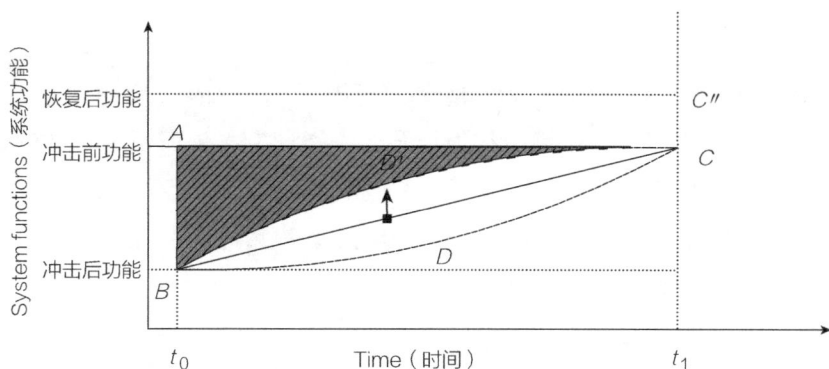

图7-6 提高坚持/抵抗力之韧力损失图

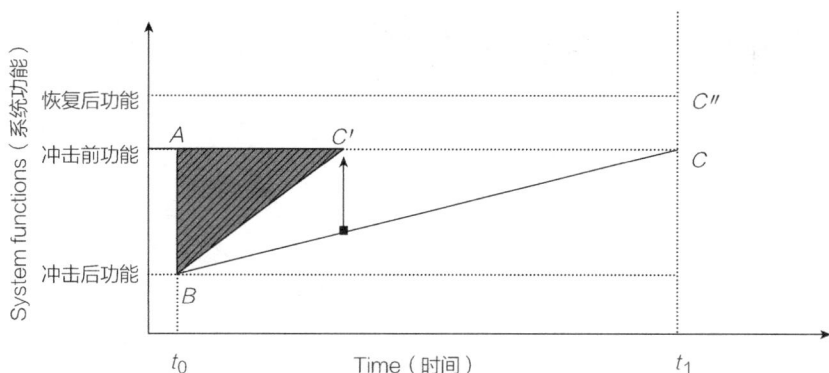

图7-7 提高适应/恢复力之韧力损失图

冲击发生后城市是否有能力迅速恢复正常，是衡量城市韧性能力的一个重要标准。城市可恢复能力的建设，首先应是城市各类应急设施的建设，包括应急保障设施（如城市应急水源、应急供电设施、应急交通设施等）和应急服务设施（如急救医院、应急消防、应急物资体系、应急避难场所等）的规划建设。我国目前正在大力推进的海绵城市建设，正是体现城市在应对洪涝灾害时提高可恢复能力的一个重要举措。其次城市可恢复能力的建设还包括社会软恢复能力的建设，包括灾后政府救助、社会捐赠、司法救助、心理援助、保险理赔等。最后城市可恢复能力的建设还包括经济恢复能力（例如产业的多元化、模块化和复合性将更有助于灾后经济的恢复）、生态环境恢复能力的建设等。

7.3.5 提高转型/学习力（$T\uparrow$）

对应于图7-8中，即线段BC整个升至$B'C'$。AB段的长度缩短了，AC段的时间也变少了，整个城市韧力提升了，则韧力损失面积由S_{ABC}缩小到$S_{AB'C'}$。也就是使得城市遭受冲击后，不但恢复到原有功能了，而且由于从经过适应调研和学习，城市韧力进一步提高了。以后冲击来临时，不但初期的破坏会减少好多，而且恢复的时间也变短了。

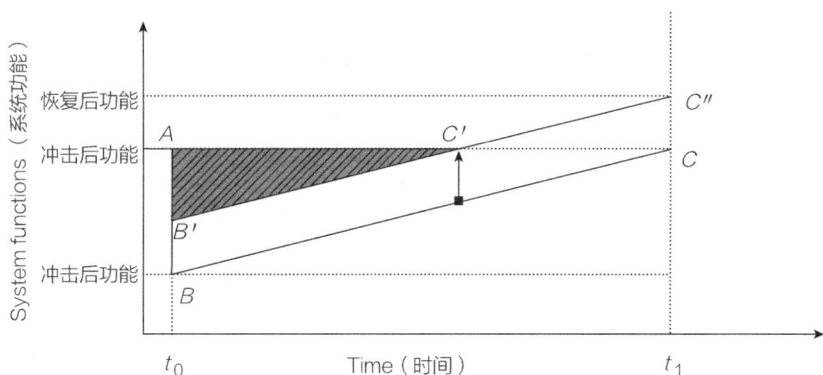

图7-8 提高转型/学习力之韧力损失图

7.4 韧性城市系统的强健策略

面对气候变化、能源短缺、人口增长等方面的挑战，为了提高城市自身的韧性，使城市拥有更强的自适应能力，更好地应对将要面临的经济、社会和生态问题，近十年来全球许多城市和地区开展了韧性城市建设行动。需要指出的是，这些韧性行动策略主要针对应对气候变化及灾害，更多地聚焦在防灾减灾领域，并未以整个城市系统的韧性提升为目标，对城市面临的慢性压力的关注度并不高。

各国由于政治文化体制差异，推进韧性提升的政策路径有所不同，有的是自上而下经由国家战略的推动，有的是城市政府和社会各界自下而上的自觉行动。以下从国际组织、国家战略、城市行动和专项规划几个层面，对全球韧性城市行动策略进行概述。

2012年，联合国政府间气候变化专门委员会（IPCC）发布了《管理极端事件及灾害风险，推进适应气候变化》特别报告，提醒国际社会气候变化将增加灾害风险发生的不确定性，未来全球极端天气和气候事件及其影响将持续增多增强。同年，联合国减灾署构建了"让城市更具韧性十大指标体系"，主要包括制定减轻灾害风险预算、维护更新并向公众公开城市抗灾能力数据、维护应急基础设施、评估校舍和医疗场所的安全性能、确保学校和社区开设减轻灾害风险的教育培训等指标。联合国人居署的目标是增加城市应对自然和人为危机影响的韧性。为此，联合国人居署启动"城市韧性概述方案"，支持地方政府通过制定全面的、综合性的城市规划和管理方法，开发测量和概述城市应对所有类型灾害的韧性的工具，来提高他们改善韧性的能力。洛克菲勒基金会在2013年5月提出"全球100韧性城市"发展项目，旨在通过为城市制定和实施韧性计划并提供技术支持与资源，帮助世界各地城市增加韧性，应对21世纪日益频发的自然、社会、经济挑战。

在城市层面，韧性提升规划是政府部门制定的有计划地提升城市弹性和适应性的政策和行动。中国的韧性城市研究在国内尚处于起步阶段，但具有非常迫切的现实需求。继海绵城市建设热潮之后，韧性城市建设开始成为我国城市建设的趋势，成都、德阳、深圳、黄石等城市正在开展韧性城市的规划建设，并已取得较好进展。其中，德阳、黄石、海盐、义乌四个城市，还入选了洛克菲勒基金会的"全球100韧性城市"项目。

在城市系统的韧性行动中，除了城市总体层面的规划和战略行动外，还有针对城市单项系统韧性提升的专项规划，比如防灾减灾规划、海绵城市规划、基础设施韧性规划等，通过城市单项系统的强健，来提升城市的整体韧性。

结合前文提出的韧性城市系统强健的五大途径：减少外部扰动概率（t）、降低城市脆弱性（V）、提高坚持/抵抗力（P）和提高调适/恢复力（A）和提高转型/学习力（T），笔者提出五个方面八个领域的策略：t（经济环境、社会环境、生态环境）、V（建成环境、组织架构）、P（应扰政策）、A（适应设施）、T（宣传教育），简称tVPAT策略①。在此基础上，从政府公共政策的角度，提出强健策略，构建韧性城市系统的强健策略体系。

① 将韧健因子"空间格局"和"提升行动"在策略要素部分描述为"建成环境"和"宣传教育"，这样更好理解和具有操作性。

需要说明的是，本书此处探讨的强健策略及行动措施，主要针对城市面临的各类自然和人为灾害等的急性冲击，对于城市面临的慢性压力较少涉及。城市面临的慢性压力，是更长时期和更大范围的作用结果，城市政府短期的行动与措施难以起到明显的效果，因此此处不作过多讨论。

韧性城市系统强健策略与行动如表7-1所示。

韧性城市系统强健策略与行动表　　　　　　　　　　表7-1

目标	准则	策略要素	强健策略与行动
城市系统韧健	城市系统环境韧健	经济环境	应扰资金储备、协调和扶持力度决定了城市应对扰动时的抵抗能力、反应和恢复速度。资金来源包括城市财政收入、国家拨款、公私企业和技术合作，还有社会和外部组织等
		社会环境	根据城市的韧性目标建立韧性工作机制，动员社会力量分配资源。通过良好的韧性规划及公众参与，提高城市的韧性和面临冲击时的恢复和转型能力，使市民有能力重建他们的生活和环境，提高生活质量
		生态环境	保持人类行为和生态系统之间的平衡是提高城市韧性和可持续性的良好策略。保护生态系统和天然缓冲区，以便减少洪水、暴雨和其他灾害对城市的影响，在有效降低风险措施的基础上更加适应气候变化
	城市系统结构韧健	建成环境	国家政府和相关责任人通过落实建筑法规保证基础设施的安全性，并对落实情况进行监督。为弱势群体提供保障性住房，并把非正式定居点转移到可行的、安全的地方，以提高城市空间的韧性
		组织架构	建立韧性战略的组织框架，通过城市政府及社会各界的组织和协调，打造地方韧性联盟，有效进行资源配置，明确所有的部门在应对城市冲击、提升城市韧性工作中的角色和职责
	城市系统要素韧健	应扰政策	制定城市应对冲击政策，通过收集城市运行及环境最新数据，进行风险评估，并把风险评估结果作为城市发展规划和决策的基础。建立城市早期预警系统，并提高应急管理能力，定期举行公众应急准备演习
		适应设施	建设城市韧性相关的关键基础设施（如泄洪设施），并根据气候的变化作相应的调整更新。评估公共设施的安全情况，保证其建设达到韧性城市要求的标准，通道必须保持畅通，保证供水、供电和通信系统等生命线系统设施的连续运转
		宣传教育	动员市民参与韧性战略的关键是在制定韧性方案时重视提高市民的灾害意识、强化教育和市民应对灾害的能力。开展有关韧性城市的教育和培训，这将使市民们做好更充分的准备，并对当地的早期预警作出正确的反应

　　本章首先提出韧性城市系统的韧性发展目标，由此界定韧性城市的强健目标；为了探寻其内在的韧性提升机制，笔者结合城市韧力损失指标公式，绘制了一个韧性城市系统机能曲线图，由此构建了城市系统强健模型；结合机能曲线图，调适相关变量从而提出相关的强健举措；为了提出更加具有针对性的韧性提升策略体系，笔者将提升城市韧性分成五大策略领域，进而分解出不同的具体策略。韧性城市系统强健方法如图7-9所示。

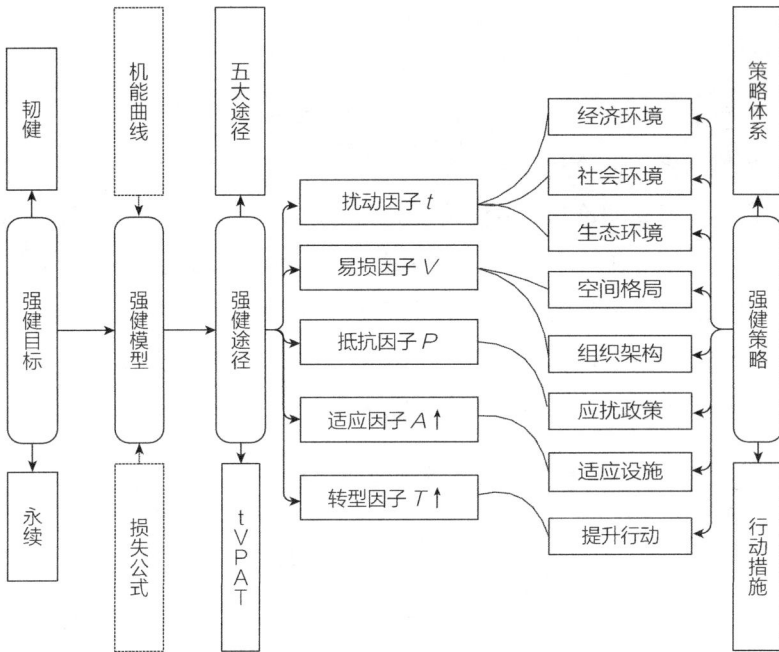

图7-9　韧性城市系统强健方法框图

第8章
韧健观下的我国城市发展与规划新思考

韧性城市系统理论及其评价和强健方法为在当今环境下理解城市发展的规律提供了新的认识论和和方法论，共同构成了"韧健观"，在此"韧健观"下探索在复杂性和不确定性影响下的城市发展新理念和城市规划新方法，对我国新时期的城市发展与城市规划具有重要的价值。

8.1　建立城市发展与规划的韧健观

8.1.1　整合前文重要概念形成基本韧健观

将前文论述的一些重要概念与韧健思想的核心要素（R，t，V，r，P，A和T，均来自强健模型$RRCS = \dfrac{r}{t \cdot V} = \dfrac{P \cdot A \cdot T}{t \cdot V}$）进行关联研究后发现，每一条概念或观点的展开无不与韧健思想核心要素都存在着或多或少的关系，详见表8-1总结。由此构建了基本韧健观，其基本与经典哲学思想一致，这也为后面的城市发展与规划韧健观的形成搭建了一座桥梁。

前文重要概念与韧健观核心要素关联研究表

表8-1

	核心要素	R Resiliency 韧健度	t Turbulence 扰动因子	V Vulnerability 脆弱因子	r Resilience 韧性因子	P Persistance 坚持力	A Adaption 调适力	T Transformation 转型力
韧健观	哲学思想	—	具体问题具体分析	万物普遍联系	自身规律永恒发展	对立统一规律	质量互变规律	否定之否定规律
关系研究	城市扰动	—	城市慢性压力	城市急性冲击	—	—	—	—
	韧性城市系统	—	系统环境	系统结构	系统要素	—	—	—
基础研究	韧性思维核心理念	非线性重组	永续发展	适度冗余	球盆模型	—	—	—
	城市复杂适应系统的基本特性	非线性	流	多样性	标识	积木	聚集	模型
	韧性城市复杂适应系统韧健特性	强健 Robust	灵活 Flexible	多能 Resourcefulness	混合 Integrated	反馈 Reflective	包容 Inclusive	冗余 Redundant
理论架构	韧性城市系统多维内涵	—	共生进化	网络冗余	生态协同	自发适应	稳中求变	—
	韧性城市系统概念模型	韧健度	扰动因子	脆弱因子	韧力因子	坚持力	调适力	转型力
	韧性城市系统韧力表达	设定目标	现状认知	多方参与	—	政策实施	学习经验	未来判断

续表

理论架构	韧性城市系统强健机制	—	"压力释放"机制	"能力提升"机制	—	—	—	—
理论架构	韧性城市系统的强健目标	"非均衡"发展实现城市"韧健"	—	城市韧性应实现其"积极"意义	提升韧性是为了城市的"永续"发展	—	—	—
强健方法	韧性城市系统的强健途径	—	减少外部扰动概率($I\downarrow$)	降低城市脆弱性($V\downarrow$)	—	提高坚持/抵抗力($P\uparrow$)	提高调适/恢复力($A\uparrow$)	提高转型/学习力($T\uparrow$)
强健方法	韧性城市系统的强健策略	—	经济环境、社会环境、生态环境	建筑环境、组织架构	—	应扰政策	适应设施	宣传教育

8.1.2 韧健观下的城市发展与规划新探索

通过对前文重要概念的梳理，笔者发现韧健观核心要素可以打通本书的每一个关键环节，由此也可以作为研究城市发展与规划的衔接点和启示方向。

在回顾分析历史和环境的基础上，通过韧健观所包含的哲学思想这一桥梁，提出城市发展理念在发展条件的确定性、发展状态的均衡性、发展轨迹的连续性、系统演化的他组织和发展结果的可预见性的基础上，融入不确定性、非均衡性、非连续性、自组织和不可预见性等新的发展理念。

针对城市发展理念的升华，城市规划方法相应的也应有改进，笔者分别从规划路径、规划体系、规划过程、规划原则和规划目标5个方面进行研究。提出韧健观指导下的城市规划应向多种可能的规划路径、复合开放的规划体系、主动应对的规划过程、刚柔相济的规划原则、把握变化的规划目标的方向转变（表8-2）。

韧健观下的城市发展的理念升华与规划方法改进一览表　　表8-2

韧健观	核心要素	*t*	*V*	*P*	*A*	*T*
		Turbulence 扰动	Vulnerability 脆性	Persistence 坚持	Adaption 调适	Transformation 转型
	哲学思想	具体问题具体分析	万物普遍联系	对立统一规律	质量互变规律	否定之否定规律
城市发展	理念	条件	状态	轨迹	演化	结果
	升华	确定性	均衡性	连续性	他组织	可预见性
		不确定性	非均衡性	非连续性	自组织	不可预见性
城市规划	方法	路径	体系	过程	原则	目标
	改进	唯一确定	单向封闭	被动控制	精确刚性	预测未来
		多种可能	复合开放	主动应对	刚柔相济	把握变化

8.2 现代城市规划理论的演进

8.2.1 传统理性主义影响下的理性规划

从伽利略和牛顿开创近代科学直到20世纪中叶的400年间，确定论世界观始终是西方科学理性的核心。现代城市规划理论建立在以经典物理学为核心的传统理性主义的基础之上，理性主义思想贯穿现代城市规划理论与方法发展的始终，一度在规划理论与实践中占压倒性的优势，成为城市规划的"标准模型"。

系统分析方法的建立是功能理性主义规划思想的高峰（张京祥，2005）。第二次世界大战后至20世纪60年代末，在控制论的影响下，规划师们逐渐开始尝试运用系统的、科学的方法来应对城市外部各种微妙变化的力量。最早将系统思想运用于规划研究的是20世纪50年代末美国的运输—土地使用规划（张京祥，2005）。这样的系统方法，依然以技术理性为主导，忽视了社会经济的多样变化发展，在实现过程中往往背离初衷。

8.2.2 后现代主义的理性批判

传统理性主义看起来科学严谨的思维模式，却使城市规划理论的发展陷入了一个困境：以经典物理学为代表的现代科学，在应用工程领域有着巨大解释能力，而在城市发展领域却失灵了，其派生的功能主义在复杂现实的城市问题面前也变得束手无策。城市的功能性缺陷和一系列的城市病困扰着城市规划师。

尽管后现代主义思潮也给自己披上"价值理性"和"沟通理性"的外衣，但这些逻辑杂乱无章，难以自圆其说，又缺乏坚固的理论内核，与韦伯所定义的"人类历史是一个不断理性化、祛魅的过程"的理性主义，已经相距甚远。这一思潮不仅不能解决城市现实问题，反而使规划师丢掉了原有的理性，变得更加迷茫。

8.2.3 复杂科学背景下的新理性主义

霍金说："21世纪注定是复杂性的世纪。"当前科学界的主要研究对象已经悄悄发生了重大改变，"复杂系统"开始成为科学界新的主要研究对象[①]，"整合"成了新的主要研究方法，耗散结构理论、协同学、混沌和复杂系统理论、系统生物学等新兴学科正在快速发展。

如果将以现代物理学为核心，包括"系统论""信息论"和"控制论"等研究无机复杂系统的方法论称为旧理性主义（功能主义）的话，那么从"耗散结构""突变论"和"协同学"等进化而来，能对有机复杂系统开展研究的复杂自适应系统（CAS）就可被称为新理性主义的重要支柱。（仇保兴，2016）

1998年《确定性的终结》中，复杂性科学的创始人之一普利高津在对统治西方文化400年的科学理性分析批判的基础上，"与回溯到伽利略和牛顿所构想的西方科学基础的理性传统决裂"[②]，与后现代主义清除科学理性、极力贬低和否定科学的态度不同，普利高津认为要抛弃的并非一切科学理性，而是某一种科学理性，因此，应坚持建设性态度，采取建设性方式，通过扩展理性，建构一种新的科学理性，以取代过时的旧理性，"人类正处于一个转折点上，正处于一种新理性的开端"[③]。

以复杂自适应系统理论为内核的新理性主义，有效克服了传统理性主义忽视的系统个体的主动性、适应性、学习积累性、集体决策、与周边环境共生、占领生态位、自发隐秩序和"连接总和"等决定性因素，从而不仅包容了传统理性主义的合理内核，又能吸收后现代主义的某些养分，是对传统理性主义和后现代主义的超越和包容。

复杂理论的探讨兴起于20世纪末，随即涌现出了一批将复杂性理论引入城市规划的研究。Sharrir Ahmed研究以复杂性算法来进行规划战略决策问题求解。P.S.Sriraj则将复杂系统理论应用于不确定的城市规划决策过程。台湾地区的学者赖世刚将城市看作是自组织系统，并用元胞自动机原理说明了城

---

① 黄欣荣. 复杂性科学与哲学[M]. 北京：中央编译出版社，2007.
② 伊利亚·普利高津. 确定性的终结：时间、混沌与新自然法则[M]. 湛敏，译. 上海：上海科技教育出版社，1998。
③ 苗东升. 确定性：终结还是破缺——读《确定性的终结》[J]. 湘潭师范学院学报（社会科学版），2000（4）：69-72.

市成长的方式，给出了城市规划的复杂突现范式。笔者进行的城市韧性研究，也是在复杂理论的背景下，从韧性角度对城市这一复杂巨系统的解析。

需要指出的是，每一种规划思想和其所处的社会思潮、经济环境和制度环境密切相关。以上种种规划思想之间并不是一个相互取代的关系，而是针对当时社会需要对规划思想进行必要的补充。从目前来看，以程序规划理论为基础的规划思想仍然占据主流的位置。但是，由于现代社会变化的多元性和城市发展的多向性，以及城市发展在偶发事件影响下出现的曲折性，社会制度环境变化和城市发展变化出现了片段性和发展的非线性倾向。"城市规划作为一种制度安排，同样表现出其理论的多向性和理论发展轨迹的非线性。"①

8.3 我国城市规划面临的新挑战

进入21世纪以来，世界科技水平快速提升，信息化带来巨大的社会变革，我国的城镇化正面临经济全球化和由计划经济向社会主义市场经济的转型期。在具有中国特色的快速城镇化过程中，没有现成的经验或模式供参考或模仿，需要针对我国的实际情况进行深入分析研究，客观认识我国城镇化快速发展时期的背景、特征和引发的问题，科学选择城镇化的路径。为了规避城市快速发展带来的各种问题，城市规划需要从理论和方法上加以创新。

8.3.1 城镇化进入后半场

我国的城镇化起步于19世纪后半期，较西方发达国家晚。新中国成立后，城镇化发展经历了近30年的曲折道路，仍处于初级阶段。改革开放30多年来，中国城市数量和规模迅速增加，2011年我国城镇化率首破50%，经历了人类历史上规模最大、速度最快的一次城镇化浪潮。

据相关研究，直到2030—2040年中国城镇化才会达到70%～80%的稳定期水平。因此，在接下去的20年间，仍将有数亿人口从乡村走向城市。我国

---

① 张庭伟. 规划理论作为一种制度创新——论规划理论的多向性和理论发展轨迹的非线性[J]. 城市规划，2006，30（8）：9-18.

正从一个传统落后的农村国家转变发展成为一个现代繁荣的城市国家，正式步入城市型社会，并进入城镇化加速发展的中后阶段，以及同步提升城镇化水平与质量的关键期①。

这一时期城镇化的发展速度将从高速降为中速，而且不同城市间的分化将更加明显；城市的发展目标从数量增长转为质量提升和结构优化；城市发展的动力从工业化转向更加多样化和特色化；城市用地规模的扩张速度将减缓，城市规划也从增量为主转向存量规划。

8.3.2 多发危机事件的考验

现代城市规划起源于改善城市公共卫生体系的迫切需求以及严重的生态环境问题。近些年伴随全球气候变化和我国快速城镇化步伐，"天灾人祸"对城市的冲击正在不断重复并加剧。1998年长江流域大洪水，考验区域性的生态环境保护问题；2003年"非典"及其后多年不断暴发的禽流感，考验城市及区域的公共卫生服务体系；2008年春南方雪灾，考验我国的区域性基础设施建设；2008年发生了汶川里氏8.0级特大地震灾害，考验城市的抗震救灾及灾后重建水平；2015年天津滨海新区危险品爆炸事故，考验城市处理危机事故及恢复能力；2019新型冠状病毒（2019-nCoV），考验城市的公共卫生事件的处理能力。

除了城市内部不断发生的各类灾难事故，城市还面临严峻的外部环境威胁。全球性的经济萧条、暴力和恐怖袭击事件、跨区域的传染性病毒传播，这些突发性事件十分罕见而且影响极大，并且随着全球化的发展日益加剧，靠历史经验和传统思维均无法应对。如何面对未来必然发生却不知何时发生的巨大危机，从而防范危险又抓住良机，是规划工作者需要思考的问题。

8.3.3 国土空间规划体系的新要求

2019年5月，《关于建立国土空间规划体系并监督实施的若干意见》（以下简称《意见》）（中发［2019］18号）发布，首次将土地利用规划、主体

---

① 杨保军，陈鹏. 新常态下城市规划的传承与变革[J]. 城市规划，2015（11）：7.

功能区规划以及城乡规划等统一为国土空间规划，并强调了其作为统领规划的指导约束作用。

《意见》出台，明确了国土空间"一张蓝图绘到底"，规定了国土空间规划要分类分级，其中分类规划主要包括总体规划（简称"总规"）、详细规划（简称"详规"）和相关专项规划（简称"专规"），其中总规起到顶层设计的作用，对其他专规中涉及空间规划部分进行统筹平衡，详规是在总规基础上进一步深化编制，另外，其他专规是总规在某一领域的独特性规划，它的主要内容通常要融入详规。分级规划包含国家、省、市县三个层级的国土空间规划。其中，国家级空间规划侧重战略性，对下级规划起着统筹引领作用，主要由自然资源部牵头，其他相关部门配合完成；省级空间规划注重协调性，一方面衔接国家级国土空间规划，另一方面，做好市县级规划的任务安排，起到承上启下的作用；市县级规划着重落实性，应围绕本行政区的实际情况，结合上级规划设计的方向，建立一套完整的空间治理体系，包括空间规划、用途管制、自然资源资产审计以及绩效考核等。这一系列新的要求都对城市规划的理念与方法提出了挑战。

8.4 韧健观下的我国城市发展新理念

城市理论在长期发展中，包含了大量工程技术、社会科学和人文科学等众多领域的成分，但它始终追求自然科学理论的形式，以长期盛行的科学理性来评价规划，希望从体系、内容到实施都能做到"精确""客观"和"价值中立"，致使理论内部的系统化严重不足，呈现出"在传统建筑决定论基础上散布着一些社会科学"的现象[①]。从而容易导致对复杂的城市组织进化发展进行错误的简单化处理。

传统城市理论强调事物的可分割性、还原论和构成论，他组织、确定性、连续性、均衡性和可预见性等理念贯穿其中，这些在城市发展的平稳阶段（城镇化前期或后城镇化阶段）似乎能解释城市发展的一切规律。但在快

---

① 仇保兴. 城市规划学新理性主义思想初探——复杂自适应系统（CAS）视角[J]. 南方建筑，2016（5）：14-18.

速转型变化的城市发展背景下，这些传统理念却显得捉襟见肘。

因此，面对城市发展条件的不确定性，基于对城市复杂自适应系统的认识，笔者通过对韧性城市系统理论及强健方法体系的研究，将自组织、不确定性、非连续性、非均衡性和不可预见性等理念纳入传统城市理论框架，对当前的城市发展理念提出思维创新。

8.4.1 城市发展条件的"确定性"与"不确定性"共存

近代科学将"不确定性"排斥在研究范围之外，为我们描述了一套完全确定性的宇宙图景。传统的城市理论也基于机械决定论和其他多种形式的决定论，将城市发展看作是有规律且不变的，认为都能用科学方法去认知并进行理性的分析及预测。然而在复杂又丰富的城市发展过程中，这一预期不断地遭受打击。城市的发展轨迹并不遵循这些所谓科学的城市发展理论，城市发展的环境与条件处于不停变化的状态中，难以精准预测和判断。

处于经济和社会快速转型发展期的我国，由于规划领域逐渐扩大，规划的内容不断增多，面临的矛盾和问题也越来越复杂，城市规划面临着前所未有的机遇和挑战。如果仍按以前思路单纯从"确定性"的工具理性，甚至是伪工具理性和主客体分离的角度来研究城市规划，城市规划失去其应有效力和作用的问题就不但不会得到解决，而且可能会越来越严重。

韧性城市系统理论认为，城市系统的主体和环境之间是共生进化的关系，是相互循环演进的。低层次的系统行动主体之间通过局域作用向全局作用的转换、行动主体之间的相互适应性，进化产生出一种整体的模式，每个模式又通过相互汇聚、受约束生成更新的模式，由此层层涌现，因此城市的发展条件处于不停地循环演进的过程中，充满了不确定性。

因此，在城市发展决策中，应当对城市发展条件的种种不确定性问题有充分的认识，对不确定性带来的若干种可能结果作出充分而且必要的预先安排。首先，城市规划应以充满复杂性的真实城市作为工作对象，而不是将其简化为可以操控和精准预测的简单模型。其次，要在城市发展理论与方法研究中将不确定性因素纳入分析框架。城市的运转和规划作用的发挥是一个相当复杂的过程，对不确定性要素进行深入研究，规划的结果才能够达到我们所预期的目标。

另外，城市发展应强调确定性与不确定性共存。因为城市系统实际上是一种严格受到地形地貌、资源环境、经济能力等方面约束的复杂自适应系统，很多发展要素是有边界和范围的，因此确定性的分析方法并没有过时。同时城市和城市发展的特点以及规划的学科特点和学科发展状况决定了在绝大多数情况下，我们很难甚至几乎不可能在规划中对所有的不确定性因素都作出适当的预先安排。因此从规划效用的角度来讲，综合评估城市发展条件的确定性和不确定性尤为重要。

8.4.2 城市发展状态的"均衡性"与"非均衡性"共存

传统的城市理论认为，城市系统的理想状态是均衡而稳定地发展，追求"最佳状态"这一静态的均衡态。并在此基础上不断地优化城市系统的内部要素，使其达到最优和最高效的组合。然而这一愿景并不能实现，例如城市土地的所谓最优化配置往往不能应对城市的机遇与挑战，一旦发展条件发生变化，原来的最佳用地配置状态就会被打破，规划编完即修改成为常态。

韧性城市系统理论认为，系统是恒常变化的，并没有稳定状态。城市是不断变化发展的，并不存在一个均衡状态，城市总是在保留关键功能的同时，不断调整运行状态和寻找发展转型机会，在应对各种冲击中不断更新和重建，以实现城市永续强健发展。同时，系统的韧性要求适度的冗余，而过度追求最佳状态、过度提高效率与优化结构会造成系统韧性的损伤。

因此，应认清城市发展状态的均衡性与非均衡性的辩证关系，并不存在绝对的均衡性，应通过动态的非均衡性来支撑总体的均衡性。首先，在城市发展与规划中，应允许以局部的混乱来求得整体的稳定，而不是过度追求系统每一个组成部分和每一层级的局部稳定和均衡。例如，在交通系统中，应保证非机动车和低速电动车的路权，其虽然可能造成局部路段和交叉口的分流困难，但它们是中短距离出行的重要交通工具，是整体综合交通系统不可缺少的组成部分。

其次，城市各系统的发展要适度冗余以提高韧性，摒弃对效率和最优化的过度追求，以避免城市面临冲击时无法应对。例如城市规划应留足发展备用地，城市用地的性质也要考虑到不同发展情景下的兼容和互换的可能性。

8.4.3 城市发展轨迹的"连续性"与"非连续性"共存

传统的城市发展理念多依循功能主义思想，认为城市的发展是连续的，历史的演进是无跳跃性的，系统是沿着平滑的曲线变化的，即整个变化过程没有断裂，其未来的发展趋向同过去、现在的发展趋向必然具有一定的联系。在这种连续性思想的指导下，城市规划通过分析和研究城市过去和现在的确定性要素来把握城市发展未来的不确定性因素。这一连续性的方法应用于规划研究中的城市社会、经济、生态等多方面的预测和研究。比如规划通过对过去和现在的人口自然增长率和机械增长率的变化情况，分析人口的变化规律，将其用于未来的人口变化情况的有效预测。

但是，利用连续性原理进行预测的前提是系统的稳定性，然而现实中绝对稳定的城市系统几乎是不存在的。尤其是快速发展的中国，受全球经济一体化、全球产供销体系和投资、国家政策和区域发展政策的影响，城市系统几乎时时刻刻都处于变化之中。在这种背景下，城市未来的发展状况不可避免地会和我们利用连续性原理所预测的未来状态出现一定的偏差。同时，偶发性因素也经常给城市系统的演化带来突变性影响。因此，虽然连续性原理通过对过去和现状的研究可以在一定程度上帮助规划者把握未来的不确定性，但是远远不能够从根本上消除这种不确定性，规划失效的问题日益凸显。

韧性城市系统理论认为，城市系统的演进是非线性和复杂性的。城市系统本身由多个主体构成，主体间通过集聚相互作用而自动生成具有高度协调性和适应性的有机整体。系统各主体的自组织行为及相互作用是非线性的，不是平等的或者是指向一个方向的，某个主体的变化有时会导致系统彻底重组。因此，城市系统具有非迭代模拟的不可推导性或迭代模拟的可推导性，即不能根据其组成部分及其相互关系的行为规律，加上初始条件来进行演绎式的推导。

因此，在城市快速变化的过程中，我们既要关注连续性，同时还要关注非连续性。一般情况下，城市或地区的自然结构、人口结构和产业结构在一定时间段内不会发生显著的变化，或者变化的确定性比较明显，据此可以推断未来一定时间段内的可能状态。而当一个城市的发展速度、发展形态、发展规模达到某个临界状态时，即人口达到一定规模，或者房价达到一定水平，或者人口增加速度达到一定程度时，必须要用非线性思维考虑城市的规划。深圳由小渔村到大城市的迅速崛起、上海浦东新区的快速发展都是很好的例证。

8.4.4　城市系统演化的"他组织"与"自组织"共存

传统的城市规划以控制论、耗散论、协同学的"老三论"系统观为基础，认为元素是服从物理规律的机械元件，没有自组织能力和对环境的适应性。城市规划是强调与城市空间建设实践相对接、促成城市"他组织"的典型过程[①]，城市规划作为"他组织"的核心力量，一直在主导城市发展。但由于并不完全掌握城市发展的内在规律，同时忽略了作为城市主体的人（市场与民众）的自愿自主自为的愿望和能力，将城市当作机械系统来精准分析与规划，结果往往事与愿违，出现了大量规划失效、失控的现象。

韧性城市系统理论认为，城市系统的运行有自发适应性，城市运行遵循自发的隐秩序，城市系统自身具有自组织、自适应和自我恢复与学习能力。城市作为适应性主体，能够感受环境、自我学习，能够感知外界信息刺激，通过学习来调整自身行为。城市作为韧性系统，具有恢复力和转型学习力，能够通过处理各类信息，从历史和其他城市发展的轨迹中提取有关客观时间发展的规律性，或者从别的城市兴衰存亡的演进历程中学习经验教训。城市系统的自组织能力越强，其自主走向有序状态的能力越强。

城市规划的他组织属性与城市系统的自组织本质并不是截然对立的关系。城市规划涵盖在城市问题系统中，也存在自组织机制，我们可以通过把握自组织的规律来合理调整城市规划体系，以提高城市规划的合理性和科学性。

因此，基于韧性目标的城市发展应当转变传统的控制论思维，充分尊重城市复杂系统的自组织能力。首先，要充分认识自组织能力在城市发展中的重要作用，充分认识他组织和自组织的辩证关系，从"控制自然"转变为

---

① 罗跃，段炼. 城市规划语境下城市自组织及其系统探讨[J]. 现代城市研究. 2010, 25（8）: 56-61.

"尊重自然"。

其次，应转换城市发展思路，将目前他组织占主导地位的城市发展模式转换为自组织和他组织相辅相成的模式，城市发展的决策应从"自上而下"的控制转变为"自上而下"的控制与"自下而上"的参与相结合，以充分发挥自组织模式下城市韧性系统内部机制的调控作用。

另外，在对城市系统产生影响的各个系统中，城市规划仅仅是其中的一个部分，城市规划更需要尊重城市发展自身所具有的复杂性，城市规划对城市建设和发展的引导和控制作用，并不是其本身所必然拥有的权力，而是由社会决定的。城市的发展与建设是社会多重力量的共同作用。因此，城市规划应当摒弃对城市建设行为的一味控制，深入研究城市复杂系统的演化规律，以适当的方式，有限度地参与和影响城市的发展进程。

8.4.5 城市发展结果的"可预见性"与"不可预见性"共存

传统的城市理论以可预见性来否定城市发展的突变与生成性，而不考虑随机性和偶然性。不少城市管理者认为，城市规划的蓝图一旦完成就形成了法律，甚至声称能管"100年"，这种时间和结果的刚性其实是违背城市发展规律的。现代城市规划寄希望于通过简单静止的强制性的法规确保规划的落实，其结果只能是规划的失效。城市发展的用地规模和人口规模一再地被突破就是很好的例证。

韧性城市系统理论认为，系统的演变路径难以预测，未来并不在历史的延长线上，它只是一系列不连续的事件，城市发展条件的不确定性、发展轨迹的不连续性，也导致了城市发展结果的不可预见性。只有承认和适应这种结果的不可预见性，编制的规划和发展战略才能捕捉这些偶然的机遇和回避适应不可预料的灾难。但同时也不能否认，在特定条件下和特定意义上城市发展具有一定程度的可推导性和可预测性，即存在"局部的可预测性"。

因此，城市发展的思路应从控制后果向控制机能转变，以提升城市的调适恢复力和转型学习力为目标，从而提升整个城市系统的韧性和应变能力。在规划的制定和实施过程中，更注重对所要实现城市机能的目标控制，而将实施目标的方法方式的决定权留给公共或私有的实施者，亦即将规划对量的控制转向到对质的控制，将对结果的控制转向对方向的控制。同时重视规划的反馈机制，动态地调整规划政策与措施，以保持城市发展方向的不偏离。

8.5 韧健观下的我国城市规划新方法

将"韧性理念"融入城市规划的思想内核，是解决当前城市规划诸多弊端的重要之举。现行城市规划在体系、原则、目标、过程和分析方法上，均可借鉴韧性城市系统理论和发展理念来突破和创新。值得提出的是，规划方法创新的提出，并非要完全摒弃传统做法，而是在传统规划的基础上，进行改良和创新，是对新思维新理念的兼容并包，而非一味否定、非此即彼。

8.5.1 城市规划路径：从"唯一确定"到"多种可能"

城市规划的本质特征是未来导向性，这一特征决定了其本质的不确定性。从实践上看，规划最重要的意义在于将城市发展中可能会遇到的种种具有不确定性要素的发展方式按照我们所期望的目标和方向进行引导。传统城市规划中忽视了不确定性因素的分析，因此将不确定性分析纳入规划的分析框架，考虑规划方向和结果的多种可能性，可有效提升城市规划的适应性，是规划应对城市冲击、提升城市韧性的重要手段。

1. 规划的不确定性内涵解析

城市规划从结构和过程来看，是由规划主体、规划客体和规划过程构成的，规划中的不确定性既来自于规划客体的发展演变，也来自于规划主体的意愿变化，还来自于规划过程的不确定性。规划的不确定内涵可从以下几个方面来分析。

（1）规划客体的不确定性

规划客体是规划的作用对象，是复杂城市系统，也是人类生活的城市空间，包括区域、城市、社区等层次里的自然、经济、社会等内容的空间组织。这一复杂系统在组分、结构和功能上都存在不确定性。

对规划客体不确定性内涵的梳理，可分为规划环境、规划对象和偶发冲击因素。其可能来自于规划对象自身的客观变化、某些政策或某些事件等人为因素，也有可能来自于规划难以改变、调节和控制的社会环境。

1）规划环境

规划环境的变化，包含社会、经济和环境要素的变化及其不确定性，可以从社会、经济和生态三个方面来认识。①社会环境的不确定性。包括与社会、文化、收入阶层、风俗习惯等相关的一些社会性要素变化的不确定性。如价值观的不确定，不同的社会群体由于收入差异、文化认同、生活环境、利益相关性等方面的差异而有着不同的价值取向、生活习惯和生存需求，同时这些要素的变化会导致社会关系的变化和空间需求的不断变化。②经济环境的不确定性。主要来自全球经济波动、国家宏观经济政策、区域发展政策等城市外部发展因素的变动对城市发展所带来的不确定性。如全球市场的波动对产业发展产生影响，进而影响到产业园区的兴衰；区域发展政策如自由贸易区的政策对城市发展的巨大影响。虽然充分的市场研究与需求预测可以在一定程度上对市场供求关系的变化进行预判，但在全球市场一体化背景下，供求关系复杂变化带来的不确定性难以借助技术手段实现对市场运行作出绝对准确的判断。③城市生态环境的不确定性。来自开发项目的功能布局、开发强度和密度、环境保护措施等方面的问题所导致的城市及区域的生态本底及生态系统的影响，促使生态环境的变化走向在很多情况下规划很难预料。尤其在当前全球气候变化的大背景下，影响更难预测。生态系统的变化本来遵循自然的发展规律，有迹可循，但是在我国当前快速城市化和工业化的背景下，遍地开花的人工对自然的干预正影响城市及区域的生态安全，影响城市人居环境质量。如我国多年来出现的大面积区域与城市雾霾，局部地区的几百年乃至上千年一遇的特大洪涝灾害，对城市发展带来了巨大影响。

2）规划对象

规划对象的不确定性因素来自规划环境的不确定变化导致的空间发展变化的不确定。作为为实现一定时期内城市的经济和社会发展目标而进行的空间布局及各项建设所作的综合部署与具体安排，其部署对象发展的不确定性将直接影响空间布局和空间安排。虽然可以通过对城市发展的规律性把握来降低发展的不确定性，对城市发展进行引导和控制，从而达到某些规划建设目标，但是从根本来说，上述发展背景的不可预判和难以预料，直接导致空间有效布局的不确定性，因此，规划对象本身的不确定性是规划固有的，难以消除的。

3）突发冲击因素

突发冲击因素的不确定性，是指自然以及人为因素造成的突发灾害事件，其中自然灾害是自然发生的物理现象造成的快速或缓慢发生的冲击事件，技术或人为事故是指由人类引起的、发生于人类聚居区、对人的生命财产安全造成威胁的冲击事件，如安全生产事故、交通事故等。这些事件发生的概率非常小，但无法事先预知，一旦发生可能对社会、经济和生态环境带来难以想象的影响。规划客体的不确定性内涵详见表8-3。

规划客体的不确定性内涵 表8-3

分类	因素	不确定性内涵
规划对象	空间发展	在较长时间和较大空间范围内，空间发展受制于环境变化，难以预计
规划环境	社会环境	不同社会群体价值取向和需求的差异及各利益相关方的冲突和矛盾
	经济环境	全球经济波动、国家宏观经济政策、区域发展政策等城市外部发展因素的变动
	生态环境	气候变化、人为全面干预使生态环境出现不确定性变化
突发冲击	自然灾害	自然发生的物理现象造成的快速或缓慢发生的灾害，无法准确预知
	人为技术	人为引起的工业生产或交通事故等难以完全预防和预知

（2）规划主体的不确定性

规划主体包括规划研究者、规划编制者、规划管理者以及相关的一些规划研究、编制与政府管理部门，他们在认知、行动和价值上都存在不确定性。对规划主体不确定性的分析，可以从行为主体、政府政策和偶发因素三个方面阐述。

1）行为主体

规划的执行主体是政府，在政府—市场—社会的三角关系中，每一届政府采用的政策方案可能存在很大的差异，导致规划执行主体的意图发生变化。同时，政策的变化导致规划涉及的各利益相关方的价值取向、判断预期发生变化，这些都构成了规划行为主体的不确定性。比如在经济全球化的背景下，为了保发展保就业，促进公共财政的增长，地方政府需要进行"城市经营"，成为事实上的企业。每一任城市主政者的施政方针不一，意味着规划执行主体的变化，这些变化在规划之初是难以确定的。

规划行为主体的不确定性还来自于：①规划研究、编制、管理和实施分属不同主体，各主体间有着不同的价值判断，规划编制、规划主管人员、政府领导，由于在知识构成、信息获取、价值取向的不同，对城市发展的方向和重点往往有着不同的判断，导致规划从研究、编制到管理实施中的不确定性偏差；②规划实施过程中，城市政府的人事变动、规划行政主管部门的人事变动，带来的价值观变化和发展理念的变化，可能会给规划的实施带来一定的不确定性，这在我国的规划实施中变化尤其明显；③不同层级或不同部门主体之间由于其管辖范围的特殊性和利益冲突，在缺少充分的联系和沟通情况下导致规划实施过程中的不确定性，从而不利于城市发展的连贯性。

2）政府政策

规划作为一项公共政策，是政府通过国家的政策干预维护市场运行机制，抵消或缓解市场经济的外部性带来的"市场失灵"的手段，其主要政策目标是维护社会秩序、保障经济增长、促进持续发展。不同的时间、不同的地点有不同的社会、经济与环境条件，因此规划的政策取向会因条件的变化而变化。即，公共政策本身因为其维持社会秩序的功能，会随社会经济发展条件的变化而变化，从而带来了规划内在的不确定性。

政策的不确定性因素主要来自：①上级政府可能出台新的有关社会发展、经济发展、城乡发展、生态环境建设的法律政策，致使规划方案所依据的政策背景发生了重大变化，使规划在这一不确定性背景下失效，规划不得不推倒重来；②一些区域性重大基础设施建设的政策变化，给城市和地区的发展带来决定性的影响，政策的变化受全球经济、社会发展状态等客观因素和人为因素的影响，政府何时会颁布怎样的政策，显然是一个难以预测的不确定性问题。③规划作为政府整个政策体系中的一个环节，会受到相关政策变化的影响，如物权法、土地管理法、环境保护法等，都会对城市的空间安排产生深远的影响。这些都构成了规划不确定性的内在基础，并通过规划目标的设定和规划行动方案的安排体现出来。

总体上，由于政策的制定有一个决策过程，因此在一个相对较短的时间内，如一两年内，政策的确定性较大，不确定性相对较小，但是由于受到政府换届及其新政策的影响，有时在较短的时间内也不具备确定性，而在一个较长的时间内，政策的不确定性因素将变得难以把握。

3）偶发因素

这部分的不确定性与规划客体由于灾害性偶发因素导致的不确定性不同，是由城市大事件的偶发因素导致的不确定性，例如大型的体育赛事、各类大型会展等一次性偶发事件，比如北京奥运会、上海世博会、园博会等的申办成功，都需要规划对城市发展空间及其相应设施部署作出根本性的调整。尽管从原理上讲，这些一次性偶发事件出现的概率比较小，但在国外经济滑坡的背景下，近年来城市政府热衷于此，申办成功的可能性还是比较大的，它对于城市的发展往往具有决定性的作用。规划作为现状对未来长期的空间安排，很难准确估计到这些偶发因素的出现。规划主体的不确定性内涵如表8-4所示。

规划主体的不确定性内涵 表8-4

因素	不确定性内涵
行为主体	在较长时间和较大空间范围内，政府施政方针的变化；规划编制、实施主体的价值判断差异；政府人事变动及发展理念的变化；各部门利益冲突
政府政策	上位政策的变化改变了规划的背景；区域性重大设施的建设变化；政府政策体系中相关政策和法规的变化
偶发因素	盛会性的偶发事件使得城市发展空间作出根本性的调整，但偶发事件又不可预知

（3）规划过程的不确定性

规划过程是规划主体根据其意愿解决规划客体发展中的问题，并引导和控制规划客体向预期目标状态发展的过程。

规划过程的不确定性因素来自规划实施过程中规划客体对规划所作出的不确定反应。在很多情况下，由于对规划客体的认识不足，或者是由于学科本身的限制，规划的实施常常不能够达到期望的目标，规划对规划客体的引导和控制常常不能够完全发挥作用。在一个复杂的环境中，规划的实施效果存在着很大的变数，客体对规划的反应常常会超出规划主体的预期，造成规划过程的不确定性。

规划过程中的不确定因素来自于规划编制、审批、实施与管理等各个环节。在规划编制审批阶段，对城市发展规律的认识上，由于受到编制时间、资料完备程度、城市政府发展目标的变化等多要素影响，使得规划，尤其是确定城市发展方向的总体规划，往往编制时间长、审批时间长。从开始编制到审批结束，城市发展情况往往发生了很大变化。等规划批复下来时，也到了规划要重新修编的时候，规划成果难以引导城市的发展。即使规划能得到比较快的批复，在实施管理阶段，规划对象可能对规划作出很多不确定的反应。例如，城郊农民了解规划建设内容，就开始在自家地里种树种房子，以获得更多的征地拆迁补偿，大大增加了规划实施的难度。规划过程的不确定性内涵如表8-5所示。

规划过程的不确定性内涵   表8-5

规划过程	不确定性内涵
规划客体的动态反馈	由于对规划客体的认识不足，或者是由于学科本身的限制，客体对规划的反应常常会超出规划主体的预期，造成规划过程的不确定性
规划编制与审批	较长时间的规划编制与审批过程中，城市发展情况往往发生很大变化，导致规划成果难以引导城市发展
规划实施与管理	在规划实施与管理过程中，规划对象可能对规划作出很多不确定的反应，导致最终规划实施结果的偏离

2. 传统规划"唯一确定"的分析过程

传统的规划分析，主要是基于城市历史的发展，在总结过去的基础上，分析现状存在的问题，适当考虑今后可能发生的变化，然后进行规划。这一规划思路采用调查（survey）—分析（analyze）—规划（plan）的路径（通常称之为SAP方法）。

（1）问题识别与目标确认[①]

识别问题、界定目标是城市规划编制过程中的第一个环节，对其他环节的编制工作有明确的定向作用。所谓"问题"，是城市发展中呈现出来的冲突与矛盾，以及通过对其他城市的发展阶段分析类比可能存在的矛盾，而目标界定的实质是对政府提出的城市发展目标进行技术性的转译，或根据同类城市发展类比进行确认。

---

① 张旺锋，朱德宝，江琦. 城市规划编制中的规划失效影响分析[J]. 现代城市研究，2007，22（2）: 33-37.

事实上，在识别问题和确认目标的过程中，政府常常并不依赖纯粹的统计分析，决策者凭借自己的意愿、感觉或者遵守某种事先确定的原则来分析事态，决策的权力通过问题和目标优先性的价值判断体现出来。因此，问题识别与目标确认的技术过程被转化为政治过程，规划编制一开始就难以实现以客观和数据分析为基础的中立。正如林德布洛姆（Ciindblom）所说，问题识别和目标界定是"政治"和其他"非理性的东西"进入城市规划编制过程的一个口子[①]。但也反映了政府的价值选择，因此，一开始就难以科学化。

在政府诸多政策目标中，城市发展的目标只是其中的一项，各部门都有其具体的各项政策目标，这些目标之间在规划实施和政治运作中很难达到完全的协调一致，致使规划界定的城市发展目标很可能先天缺乏广泛的认同和支持。规划目标系统对规划编制其他环节的价值选择起着统领、框定的作用，但事实上目标界定的过程难以遵循客观、中立等理性原则。

（2）资料调查与分析预测

资料的不完备。资料收集是规划编制必不可少的重要环节。从规划的综合性来看，只有占有尽可能多的资料和信息，才能准确把握城市发展的历史、现状，从而找到城市发展的问题和目标。我国《城乡规划法》明确规定："编制城市规划应当具备勘察、测量及其他必要的基础资料。"规划编制中明确要进行基础资料汇编，涉及城市系统的各个方面。基础资料作为必要规划成果组成部分，是规划方案形成的必要基础。但在实际规划编制中，由于各部门间工作的不同步和统计口径的差异，所能获得的资料与信息实际上是有限的，也可能是冲突的，这种不完备性成为规划编制的约束条件。

分析预测的局限。通过对收集到的资料进行分析，预测未来城市人口、用地、基础设施的规模和需求量，从而提供与规划目标相匹配的城市物质环境和设施配置标准。因此，分析预测的方法及其结果的准确性关系到规划编制的质量。但是，规划分析预测的局限性制约了规划的科学性，表现在以下几点。

第一，高质量资料的缺乏。在资料不完备的条件下，对资料的选取和替

代，导致分析预测的科学性被局部转换化的主观臆断，甚至异化成为论证目标和问题的工具，失去客观性和科学性。

第二，分析预测的内容有限。规划分析预测偏向于城市发展的结构性和功能性内容，如人口、土地、设施等，忽视政府在规划实施中的政策施行变化和发展重点转移等决策变化，忽略了政府改善规划实施的政策与途径、管理方法以及未来可能变化等内容，致使规划成果在实施中难以应对复杂的发展不确定性。

第三，预测结果的失准。规划分析预测试图从城市发展过去与现状的资料中，理解影响城市发展的各重要因素之间的相互关系，然后依照这种关系，推测城市局部或者整体在未来某个时刻的发展状态。然而规划实践表明，作为分析预测对象的城市的复杂性，发展包含大量偶然因素，与现实发展情况相比，分析预测的结果往往有很大的偏差。

3. 韧性规划纳入"多种可能"

规划预测的前提是完备的纯粹理性和客观的价值中立。以上对传统规划过程中各步骤研究分析表明，在规划编制研究中，由于有限理性的存在，由于政府强势价值的介入，由于缺乏对不确定性的把握手段，很难做到对城市未来发展的准确预测。尽管如此，如果能在预测过程中摒弃政治的强势介入，站在比较客观的立场，分析预测至少作为城市未来发展确定性部分的认识，帮助规划师在规划编制中认识各种趋势的可能性，就可以减少编制方案的不确定性。这在规划中还是需要的，而且是重要的。

同时应该认识到，韧性城市系统包含了事物发生发展的不确定性和偶然性，城市未来发展具备发展环境变化、重大偶然性因素、城市社会各利益主体的价值选择等基本要素，需要在规划编制研究中将这些不确定性要素纳入分析框架，从而为城市未来发展的多种可能提供更为全景式的理解，才能避免规划有效性的丧失。而"情景①分析"，则为城市规划提供了一种应对未

---

① "情景"最早出现于1967年赫曼·卡恩和维约合著的《2000年》一书中，情景（scenario）是对未来情景以及能使事态由初始状态向未来状态发展的一系列试验或条件的描述。即未来是多样的，几种潜在的结果均有可能在未来实现；通向这种或那种未来结果的途径也不是唯一的，将可能出现的未来以及实现这种未来的途径的描述构成一个情景。

来不确定性的方法和理念。

情景分析来源于"情景规划",是西方战略研究领域应对未来不确定性和复杂性的一种方法和理念。它不是一味地寻求"最佳的方案",而是设计并推动"适合的战略及规划流程"。其分析思路是通过"有规则的想象"来"思考不可思考之事"。通过科学的分析找出环境的发展趋势与主要不确定因素,在此基础上,按照事物发展遵循的一定逻辑,运用直觉和经验,依据各种科学方法,想象各种不确定性在未来一段时间的相互作用状况,将未来的各种典型环境构建出来。

情景分析的过程就是降低不确定性的过程。在高度不确定的环境下,如果不用情景规划,城市面对的未来环境的可能性(情景)有无穷多种,城市将无所适从;使用情景分析,可以根据城市当前所处的环境,识别影响环境变化的趋势与主要不确定因素,抽象出城市在未来可能面对的几种典型情景。

相比传统的规划思路,情景分析的主要优点是增强了决策的科学化和民主化,它是对传统规划的超越和补充,是规划者应对城市发展环境条件快速变化不确定性的一种新方法。情景分析可以作为规划政策的计算实验平台,通过系统的、连贯的分析,评估权衡未来的多种可能性,在不确定性的环境中采取积极的预先的探索,增强规划政策的弹性、可操作性和应变能力,从而提升城市系统的整体韧性。

8.5.2　城市规划体系:从"单向封闭"到"复合开放"

城市规划的根本目的是实现社会公共利益的最大化,城市规划必须反映多元利益群体的需求,也面临着社会利益格局多元化的挑战。要在规划中有效实现各种利益的协调,使得公共利益最大化,不出现发展中的"零和"游戏,城市规划体系需要改变自上而下的规划体系,转向多元主体、多向互动的复合开放的规划体系,才能适应市场经济条件下多元利益群体的需要。

1. 传统规划自上而下的单向封闭体系

在城市规划行为中,直接相关的利益主体基本可以划分为政府、企业、市民和农民。城市规划需要各利益主体的广泛参与,来实现各种利益和公共利益的最大化。在城市规划与建设过程中,各利益群体对城市发展的价值判断是不同的。政府侧重发展和规划的均衡,而其他建设主体的价值取向主要受到市场价值规律的影响。

现行的城市规划体系，其他利益主体的价值判断在规划中并没有得到很好的体现。但是，其他利益主体尤其是房地产开发商，在城市开发建设中，作为资本的占有方，通常拥有较大的话语权，他们在城市发展上施加的影响会在客观上造成城市规划的偏差与失效。现在全包全揽的"全能政府"行为方式，已激化众多社会矛盾，引发相关利益群体的反弹。

在市场经济体制下，城市发展的利益冲突以及不同的利益群体的利益需求必然会反映到对空间资源的争夺上。我国市场经济体制的建立和国有土地使用权有偿出让的施行，激化了依附于土地空间上的经济利益矛盾，城市规划的目标越来越注重通过空间和土地资源的分配来均衡不同利益群体或个体的利益诉求。因此，转向复合开放的规划体系成为必然趋势。

另外，目前城市规划编制过程中的公众参与大多是停留在表面上，仅仅起到了"公示"和"宣传"的作用。相关的利益集团对规划编制的有限参与使得最终的城市规划实施受到一定程度上的抵制而出现偏差。这源于具体操作层面公共利益的难以界定，关于公共利益的概念至今仍缺乏明确统一的判别标准，为实际工作带来诸多困难。

2．韧性规划多向互动的复合开放体系

在城市建设和发展的投资方式多渠道和多元化的背景下，规划实际上是各利益主体或群体集团之间谈判和协调的过程。因此，基于韧性目标的城市规划，应从自上而下的单向封闭的规划体系转向多向互动的复合开放的规划体系，这需要从多元主体参与、各方价值协调和开放沟通合作几方面开展工作。

（1）多元主体参与

在建立规划目标的过程中，应让规划制定者、其他政府部门、市场主体和公众等多方主体更多地参与规划决策，从机制上保证各利益主体的参与权利，明确各利益主体的诉求，吸收各利益主体的意见，力求规划目标成为更多利益方的共识。应以广泛充分的公众参与来补充传统的精英决策[1]。尤其

---

① 需要注意的是，我国的政体不同于欧美等国家，完全自下而上的公众推进进程并不符合我国城市规划现状。因此，对现有体制的改革不可能一蹴而就，需要循序渐进，因此现阶段以充分的公众参与来补充传统的精英决策，是比较现实稳妥的思路。

在《物权法》颁布后，公众真正有望成为城市规划利益协调中重要的参与方。

在城市规划的实施管理中，也要重新明确公共权力的任务，从行政管理向调节控制转变。现代城市规划的"行政管理"模式是与静态的规划方法和排他的限制性的管理方法相匹配的。韧性规划需要在特定条件下对个别的案例进行分析，并需要多方面参与者的共同合作。让城市的运行和管理成为一个开放的领域。

（2）各方价值协调

城市规划本质上不是一个简单的技术分析、理性选择的过程，而是一个利益冲突和价值协调的过程。城市规划的基本工作应是努力使保障公众利益优先的决策得到有效实施，避免受到过多市场趋利行为的侵害。因此，韧性规划应建立利益均衡机制，从体制上保障公众利益。

协调各方价值，并不是做"和事佬"达到各方妥协的均衡点，而是始终要以公众利益最大化为准则。强势群体具有将不确定性转嫁给他人的能力，从而给弱势群体的利益带来不利影响。由此，在充满不确定性因素的规划建设过程中，容易出现对社会公平的伤害。因此，需要建立利益均衡机制，规范各利益主体的相互关系及行动准则，关注弱势群体的利益，限制某些强势群体对公众利益的损害行为，保障社会长远利益和弱势群体利益不被市场因素过度侵犯。

（3）开放沟通合作

韧性规划在坚持公平互惠原则的基础上，在公共政策的制定中促进和鼓励利益各方的沟通与合作。现代城市规划对城市公有部分和私有部分的划分，已经不适用于公共基础设施的投资组成日益复杂化的趋势。新技术应用使得公共设施服务（如给水、供电、电信）的生产、运输和分配可以相对独立由不同机构承担。互联网创造了社会生活新的准公共空间，多维的社会需要复合实体空间和虚拟空间的"超空间"。

例如PPP（Public-Private Partnership）公共基础设施项目融资模式，就是政府和社会资本合作的良好范例。在该模式下，鼓励私营企业、民营资本与政府进行合作，参与公共基础设施的建设。在政府公共部门与私营部门合作过程中，让非公共部门所掌握的资源参与提供公共产品和服务，从而实现合作各方获得比预期单独行动更为有利的结果。

总的来说，在社会价值多元化的背景下，城市规划应该为社会多元主体提供城市发展的群体诉求、协商框架，从而构建针对发展进行谈判、协调的机制。市场经济中，资本的多元化、群体价值的尊重是城市发展建设的重要动力。

8.5.3　城市规划过程：从"被动控制"到"主动应对"

传统规划以城市发展的稳定性和连续性为前提，遵从"编制—实施—评估"的单向被动控制的循环体系，规划的实施过程过于机械化和被动，难以及时应对外界环境的变化。面临日益复杂的规划环境，应该从被动控制转向主动应对，主动监测规划环境的变化、主动应对规划条件的变化同时，积极主动地创造条件实现规划目标，减缓规划的时滞影响，大大提升规划的有效性。

1. 传统规划实施的机械性和被动控制

规划实施中的被动来自于传统规划的前提假设，即城市发展的结构是稳定的、连续的，发展的结果应该只有一种结局。

这一前提使得规划方案无法综合归纳和反映决策者及社会各方对城市未来发展的群体意图和愿望，忽略行为主体的策略意图，不能体现人类驾驭未来的能动作用。在动荡多变和错综复杂的发展环境下，直接导致规划跟实际情况不符以及实施中的机械性和被动性。由于传统规划遵从编制—实施—评估的单向的被动控制的循环体系，当城市发展的实际与规划目标出现偏差时，只能等待这一循环结束，重新进行下一轮循环时，再对规划进行纠正。

这一过程中，规划已失去其应有的导向作用，而城市发展的某些错误也就遗留下来。在我国，由于地方政府和某些主要领导的强势地位，这一问题的出现更为频繁，其对城市带来的影响和后果更为严重。被动控制采用的是事后控制，对于城市发展实际过程中政府及各利益主体能动作用导致的结果，采用的是后评估机制。这种事后控制的模式，使得规划在实施中捉襟见肘，疲于应付，是规划赶不上变化的机制性原因。

同时，受计划经济体制的影响，我国城市规划理论在过去很长一段时间内都是以理性主义为基石，对城市发展动力与城市建设行为的理解过于简化，城市规划编制与实施过于机械，缺乏弹性、预警机制和应急预案[①]。

出现这种局面的实质是规划机制和本体理论出现了问题，是理性主义思维与不确定现实冲突的表现，试图用一个确定性的系统去控制一个充满不确定性的系统。这种现实矛盾要求我们反思传统的指导城市建设的城市规划理论和方法。我国现行规划编制—实施—评估流程如图8-1所示。

```
┌─────────────────────┐
│ 1. 界定问题并制定目标 │◄──┐
└─────────────────────┘   │
         ↓                │
┌─────────────────────┐   │
│  2. 规划分析与研究     │   │
└─────────────────────┘   │
         ↓                │
┌─────────────────────┐   │
│  3. 规划方案成果       │   │
└─────────────────────┘   │
         ↓                │
┌─────────────────────┐   │
│  4. 规划方案实施       │   │
└─────────────────────┘   │
         ↓                │
┌─────────────────────┐   │
│  5. 规划实施评估       │───┘
└─────────────────────┘
```

图8-1 我国现行规划编制—实施—评估流程

2. 韧性规划实现主动应对

要实现韧性规划的主动应对，首先，需要在规划实施中监测规划环境和条件的变化，以确定影响目标实现和规划实施的各种有利和不利因素，并将这些因素考虑到规划和其他管理职能之中。同时识别风险，努力将各种影响目标实现和规划实施的潜在因素揭示出来，为风险分析和管理提供依据，并在规划实施过程中做好风险管理工作。

其次，需要分析现行发展条件下规划目标偏离的可能性。根据发展情况与目标的关系可能性有两种：一是在发展条件不利的情况下，难以实现预期目标，通过对发展条件的干预或选择不利条件下的发展方案和路径，试图使计划目标得以实现；二是在发展条件很有利的情况下，发展将超出预期目标，通过对发展目标的重新修订或选择有利条件下的发展方案和路径，把握发展机遇。

再次，用科学的方法制定规划。做好规划可操作性分析，消除那些造成资源、技术、经济不可行的各种错误和缺陷，保障规划实施能够有足够的时间、空间、人力、物力和财力，并在此基础上力求使规划得到优化。

同时，规划的制定应有适当的弹性，即"规划应留有余地"。这样，可以避免那些经常发生但又不可避免的干扰因素对规划产生影响，减少"例外"情况产生的数量，从而使城市规划处于主动地位。

另外，制定必要的备用方案，以应对可能出现的影响目标或规划实现的

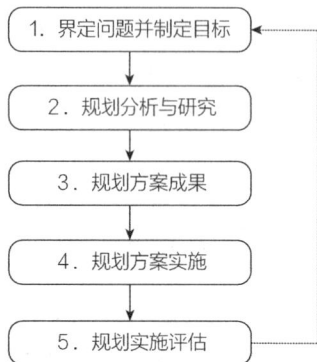

---

① 李峰. 城市规划中的不确定性研究初探——以海门市滨江工贸区为例[D]. 上海: 同济大学, 2008.

情况。一旦发生这些情况，应有应急措施作保障，从而减少偏离量，或避免发生偏离。

最后，在规划实施的过程中即时进行信息收集、整理和研究工作，为判断城市未来发展状况提供全面、及时、可靠的信息。韧性规划的主动应对流程如图8-2所示。

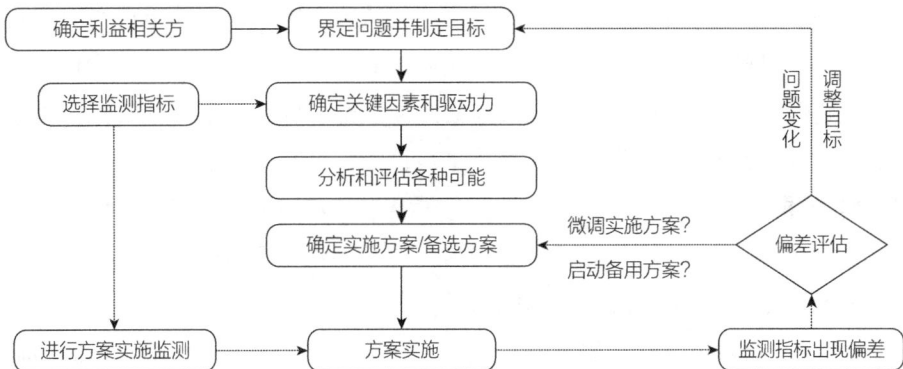

图8-2 韧性规划的主动应对流程

主动应对是一种基于现实发展条件面对未来的前馈控制，可以解决传统被动控制过程中存在的时滞影响，尽最大可能改变发展条件不利的局面，尽最大可能抓住发展的机遇，从而使规划更为有效。这就需要规划者或城市政府根据已掌握的可靠信息判断城市发展的态势，继而制定纠正措施引导城市发展。主动控制是一种事前控制，必须在事情发生之前采取控制措施。

8.5.4 城市规划原则：从"精确刚性"到"刚柔相济"

基于理性预期基础上的确定性城市规划思想在某种意义上通过对城市社会经济发展规律的把握，为未来的预测和决策提供了基础框架，成为城市规划作用发挥的前提。但仅仅以理性为基础，在确定性发展前提下进行编制的规划方案，形成的未来城市理想蓝图，在不确定的城市发展中难以发挥有效的作用。因此，规划应刚柔相济，在精确刚性中增加模糊弹性。

1. 传统城市规划的理性与刚性

以理性预期和刚性约束为基础的传统城市规划思想在一定程度上通过对

城市社会经济发展规律的把握，为未来的预测和决策提供基础框架，成为传统城市规划发挥作用的前提。城市规划需要理性和刚性，才能在城市社会经济生活的理性中对未来发展设立相应的预期和目标，提供一种政策导引，激发各利益主体的主观能动性。

因此，首先要肯定传统城市规划的理性内核①。理性作为一种思维方式和思维过程的实质内容，是在发展过程中社会不断现代化、知识体系不断理性的背景下，城市规划的必然要求。理性化从内在机制上为城市规划的有效运作提供了确定性的基础。从现代知识体系的角度，城市规划的理性化是作为一种现代知识形态继续存在和发展的必要基础，也是城市规划发挥作用的前提。对我国城市规划来说，理性化是在百废待兴的历史条件下，对城市规划整体性的建构，建立起了能够统领我国城市规划各组成要素的运作机制。因此，一味地否定或终结城市规划中的理性基础和理性精神，将使城市规划失去脊梁，失去对城市发展过程的引导作用。

因此，从城市规划发生的背景条件、发挥作用的前提条件来看，倡导城市规划中的理性思维，提出规划的刚性原则，保持理性在规划中的"脊梁"作用，对规划本身是必不可少的。

但是同时城市面临复杂、多方位的干扰和冲击，加上城市复杂巨系统的本质属性，这是规划理性难以把握的，也是规划刚性难以控制的。因此，面对城市发展条件的多元变化，规划需要更新理念，更具弹性和灵活性。

实际上，我国的城市规划虽然仍存在计划经济时代"终极蓝图式"规划得影响，但是已经初步建立了弹性规划的理念。比如在城市总体规划中，增加划分禁建区、限建区等强制性内容，区分了强制性内容和指导性内容，实际上也是对规划弹性的一种体现。

过于刚性、没有冗余的规划思维带来的问题，在控制性详细规划中体现得尤为突出。传统的控制性详细规划编制同总体规划编制一样，倾向于获得

---

① 应该注意的是，理性与理性主义是有区别的。理性主义作为一种认识论和哲学观点，是唯理论，是把理性看成知识的唯一来源，只承认理性认识的可靠性，排挤掉其他认识的可能。因此20世纪60年代尤其是20世纪70年代后，后现代主义开始抨击"理性主义"，倡导多元价值。但后现代主义不否认理性，多元价值本质上是理性基础上的多元延伸。

未来静态控制目标，也在寻求一种理想化的未来终极蓝图。而事实上，由于我国城市处于快速发展时期，面临着很多外部不确定性和市场需求的变化，城市发展对用地的需求一直在不断改变。而在编制过程中，规划师根本没有能力事先作出精准的预测，蓝图式的规划成果也无法随时间进行自我调整。规划管理者往往陷入被动状态，带来无休止的控规调整和控制指标的一再突破。这严重损害了规划的法制效力，同时也频频导致市场力侵蚀公共产品。

2．韧性规划融入弹性和柔性

城市社会经济生活及发展的理性特征，使得规划对未来的预测成为可能，但由于规划过程中对信息收集、处理、分析能力的有限性，不可能做到纯粹理性或完全预测，因此需要在有限理性的基础上，兼顾并整合城市发展的不确定性特征。

城市发展的不稳定性特征，要求规划过程、规划编制到规划实施必须具有充分的弹性，从而为规划落实提供充足的弹性空间，避免规划实施中的"蝴蝶效应"，其整体性和多样性统一的特征要求规划为城市多样性的保存提供充分的弹性空间。这就需要将规划手段从对精确刚性之中融入模糊弹性，做到刚柔并济。

这种弹性控制不是无限制地失去理性的弹性，而是"刚性+柔性"的结合控制。即通过对确定性因素的分析，取得未来发展的目标和可能路径；通过对不确定因素的分析，判断未来可能的发展变化，包括经济发展条件的变化、社会人口发展的变动以及可能的偶发性因素，从而在确定性的基础上，针对不同的发展条件，提供发展的多种可能，进而在空间上进行弹性控制。

通过这种规划中理性特征和变化特征的结合，可以化被动应对不确定性为主动策划利用不确定性。

因为在制定面向未来目标的政策时，不确定性给政府带来了非常被动的局面。由于缺乏对未来发展条件变化的认识，或对发展条件变化有所认识，但又无法理解条件的变化将带来的影响，行为主体只能被动等待变化的结果显现。在问题显现出来并充分暴露之后，才被动地采取"补救"行动。规划忙于被动应对条件的变化，在实施中显得乏力、无用。规划具有的前瞻性的导向功能受到质疑，政策及行动总是落后于变化，这是规划失效的政策性原因，可称之为"规划的政策失效"。分析这一失效，其本质还在于对不确定性的认识不够透彻，无法主动应对变化。而传统规划分析方法难以提高对规划不确定性的认识。

通过对不确定性因素的定性或定量的预设，新的分析方法可以预判未来系统的可能状态和由当前状态发展到未来状态的可能路径。在选择合意的发展方向或目标之后，通过有效选择行动路径，或积极等待条件成熟，或主动干预创造条件等方式，规划可以充分利用分析成果，预先判断变化的条件及情况，主动策划利用不确定性。也就是说，描述的各种可能条件，为如何处理环境变化提供了重要线索。新的分析方法从关键因素入手演绎整个发展途径，有代表性地描述未来城市的事件和趋势，回答了"当某种情况发生的时候，我们该怎么办？"或"我们要达到某个目标，需要在什么时候哪些方面做点什么？"等问题，从而为规划决策主动应对环境变化的挑战提供了可行的分析平台。

应该指出的是，刚柔并济的韧性规划方法，必须具备刚性以满足规划实施的需要，同时又具备弹性和灵活性，以应对外部冲击和内部条件的变化，并进行动态调整。倡导规划的弹性，不是要否定规划理性，而是在充分考虑市场的力量和城市发展的不确定性的基础上，否定纯粹理性，肯定有限理性。需要结合新形势，针对新问题，进而对规划的功能进行再思考，使规划的边界再清晰。

8.5.5 城市规划目标：从"预测未来"到"把握变化"

传统的城市规划通过静态的计划并按规划图纸决定未来，它符合人们通常的思维方式，也能反映人们已经认识到的规律或约束条件。而实际上未来的发展是复杂多变的，且具有多种发展态势。因而必须建立一种更为灵活、更能应对不确定环境的动态规划。这就需要将规划思路从对未来的预测转向对预测和变化的双重把握。

1. 传统规划的固定战略蓝图

传统的规划预测方法和模型通常是以一系列的假定条件为基础，在系统环境和结构不变的情况下对某一特定技术发展的未来状态作出定量推算。其战略和蓝图是固定的，是一种纯粹用过去事物发展的模式来推断未来的方法。

传统规划依据对历史和现状的分析结论预测未来发展趋势，它通常需要预先设定一系列假定条件，将未来环境的不确定性通过假设确定下来。面对未来发展的不确定因素的处理方式通常包括：忽视、害怕、通过设定假设条件将其模型化、依靠直觉判断或作出武断预测、抱着竞争对手可能也无法预测不确定性的侥幸心理等。这些对待未来发展不确定性的态度和做法是消极的，不能充分考虑不确定性因素对未来发展环境的影响。

另外，传统规划对不同因素的影响分析相对独立，对因素组合影响的关注度较低。其分析结论与规划措施基本上一一对应，在对分析结论达成共识后，相匹配的规划措施也同时固定下来，一旦发展面临的环境发生变化，无法及时调整规划措施。

这些规划研究方法看似合理，但根据理想的发展条件，取其万全之策，本身就是个缺陷，因为规划从当下到未来，在每个阶段都可能出现不同的问题链和目标链，不可能有立项条件的存在，万全之策无从谈起。面对不断发展与变化的环境，城市规划需要随时把握变化，从传统的固定战略蓝图转向动态的多重路径。

2. 韧性规划注重动态把握变化

从规划功能来看，规划是为未来作现在的决策。但不能指望从左边输入一些数据，从右边就会产生出规划。因此，规划不仅仅是设定的目标，更是行动的指南。而要作为行为的指南，规划要做的是系统地制定目前城市发展机遇与挑战风险的决策和行动，并尽可能地了解这些决策和行动对未来所产生的影响，系统地组织这些决策，通过系统地反馈，对照着规划的期望或愿景来衡量这些决策的可能成果。规划的目的是使城市在变化的发展环境中，能够通过对发展形势变化的判断，通过每一个行动不断达到期望的规划目标。而行动的实施需要城市果断地把握机会，一个城市只有在拥有一套完整的规划之后，才能判定一个机会是否真的是对目标实现有益的机会，否则就无法判断城市是朝预期的方向前进，还是走上歧途，分散或浪费了宝贵的发展资源。

韧性规划把多种可能性纳入分析框架，与单个不可靠的应急计划不同的是，它同时探究多个不可靠、不确定因素，从而形成多种动态规划愿景，形成每个愿景的主要发展环境条件，以及为实现愿景所采纳的行动组合，以充分把握及应对变化，从而真正做到未雨绸缪，防患于未然。

总之，由于城市发展环境条件变化的不确定性，城市规划要避免规划有效性的丧失，必须在规划目标中纳入多种发展预案，包括基于各利益主体诉求的预案，明晰每种预案背后的发展环境条件，以及实施预案的行动组合。这样才能通过对发展环境条件的监测，进行发展预案转换，实施相应行动。

本章首先回顾了现代城市规划理论从传统理性主义到后现代主义再到复杂科学背景下的新理性主义的演进轨迹。同时又在回顾我国城市规划发展历程的基础上，分析了我国城市规划面临着城镇化进入快速发展后期、多发危机事件频现、经济发展进入新常态和社会价值多元变化等挑战。

在回顾分析历史和环境的基础上，基于韧性城市系统理论与方法的构建成果，提出城市发展理念在系统演化的他组织、发展条件的确定性、发展轨迹的连续性、发展状态的均衡性和发展结果的可预见性的基础上，融入自组织、不确定性、非连续性、非均衡性和不可预见性等新的发展理念。

由此，基于韧健观提出以下5点新的启示：一是规划路径从"唯一确定"向"多种可能"转变；二是规划体系从"单向封闭"向"复合开放"转变；三是规划过程从"被动控制"向"主动应对"转变；四是规划原则从"精确刚性"向"刚柔相济"转变；五是规划目标从"预测未来"向"把握变化"转变。韧性观下的城市发展理念与规划方法启示如图8-3所示。

需要说明的是，本章研究的最终落脚点并非试图建构一套理想的、完整的城市规划方法体系，而是针对我国城市规划面临的现实挑战，从韧性城市系统理论的视角，提供发展理念和规划方法的一些变革思路，为城市规划的变革提供理论和方法的借鉴。

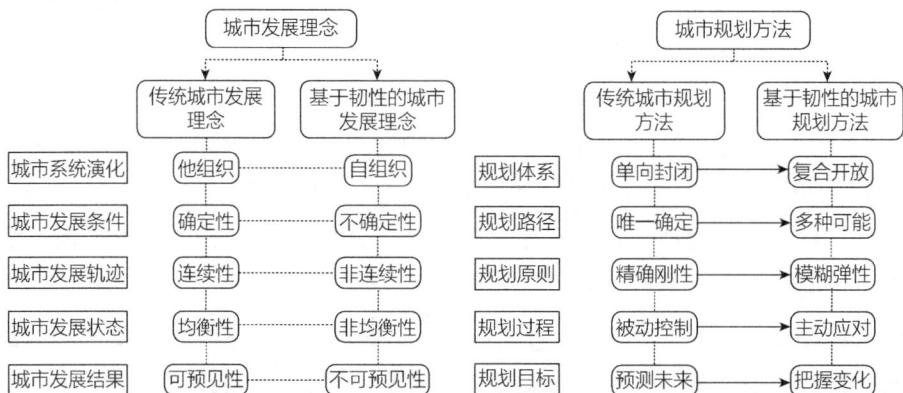

图8-3　韧性观下的城市发展理念与规划方法启示框图

第 9 章
结论

本研究是韧性城市理论研究领域的一部分，是城乡规划学、城市生态学、城市系统学等学科的交叉研究成果。笔者基于复杂适应系统（CAS）理论并结合韧性思维，以"韧性城市系统"为主要研究对象，试图回答以下几个关键问题：如何认知韧性城市系统？如何评价其韧健水平？如何提升其韧性？韧性城市系统理论对我国的城市规划有何启示？

9.1 主要结论

本书以CAS理论和韧性思维为理论基石，从一个新的视角解析城市扰动和城市系统的关系和问题，构建韧性城市系统理论和强健方法，创建了城市系统韧健评价方法和评价体系，并探讨在此韧健观下的我国城市发展与规划方法，由此回答了绪论提出的几个研究问题。

9.1.1 全面认识了城市扰动与韧性城市系统并验证了二者的关联假设

对"城市扰动"和"韧性城市系统"的范畴及其组成进行界定，并对二者关系通过专家问卷做了研究。

"城市扰动"即为以城市系统或其子系统为承受体的干扰，引起了对城市系统的永续发展造成较大影响的自然和社会变动，其中包含了快速突发的事件（急性冲击）和缓慢发展的趋势（慢性压力）。

"韧性城市系统"是指"为了城市强健平稳发展而减弱脆弱性因素并提高抗扰能力而建构的城市系统（状态、准则、目标）"，即基于城市韧性原则进行强健的城市系统。

针对本书的理论假设"针对城市系统面临的急性冲击和慢性压力两大扰动问题，通过减少环境风险、减弱结构脆性和增强要素韧力三个方面的强健举措，可以实现城市系统韧健水平的提升"，笔者通过德尔菲专家问卷得出以下结论：

（1）减少系统环境扰动，能解决慢性压力问题；

（2）减弱系统结构脆性，能部分解决城市急性冲击问题；

（3）增强系统要素韧力，能同时解决急性冲击和慢性压力问题。

9.1.2 基于韧性思维和CAS理论构建了韧性城市系统理论框架

本研究主要以韧性思维和CAS理论为理论基石，将二者融入城市系统研究中，并对相关要点做了一点突破和思考，从而构建了韧性城市系统理论与方法。韧性城市系统理论的核心突破点如表9-1所示。

1. 城市韧性的"内涵"

城市韧性的内涵之一便是对城市韧性状态的描述。主要有"静态均衡"和"动态均衡"两种。"静态均衡"（单一状态均衡）指系统在干扰后恢复到先前均衡状态的能力；"动态均衡"（多重状态均衡）假定系统有不同的稳定状态，并且在面对干扰时可以进行变换，即从一个稳定领域跃至另外一个稳定领域。

但是，这些观点过于强调"恢复原状"的能力。城市系统具有复杂、动态的特征，受到干扰后基本上不可能再返回到先前的状态。如气候变化和城市化将有可能使城市本已不稳定的本质进一步恶化。城市其实是处于恒常变化中的，不可能存在稳定状态。韧性还应该包括一个城市力争实现的愿景的涵义。

笔者从城市保持韧性状态的角度提出了"动态非均衡"的"动态球盆"模型。"动态非均衡"即多重状态非均衡：城市是不断变化发展的，并不存在均衡状态，城市总是在保留关键功能的同时，不断调整运行状态和寻找发展转型机会，在应对各种冲击中不断更新和重建以实现城市永续强健发展。

表9-1

韧性城市系统理论的核心突破点

序号	突破方向	原有观点	存在问题	突破点	突破点核心内容
1	城市韧性的"内涵"	"静态均衡":单一状态均衡;"动态均衡":多重状态均衡	只强调"恢复原状";城市处理恒常变化中,不可能存在稳定状态	城市保持韧性的状态描述	"动态球盆模型" —— "动态非均衡":多重状态非均衡,不断调整运行状态和抓住发展转型机会
2	韧性城市的"目标"	更加关注均衡;返回到"正常"或稳定状态	不仅在于维持基本均衡,还在于改善城市与促进城市发展的繁荣未来,恢复原状不是人们所期望的	韧性城市愿景的描述	"永续、积极且强健" —— 城市的"韧健";韧性城市系统RCS韧健公式,即 $RCS=func.\ (t,\ r/V)$
3	城市系统韧力的"实现"途径	韧力实现途径包括:坚持和适应	专注于坚持和适应,没有将相关变量与城市强健联系起来	城市韧力的实现途径及变量	提出PAT三阶段,增加转型型学习阶段;城市韧力发展韧力指数($CDRI=r=P \cdot A \cdot T$)包括三大变量
4	城市系统韧健的"多维内涵"	城市的韧性多指具体的适应性,甘德森、霍林提出了"多尺度嵌套适应性循环"模型	忽略了普遍适应能力,缺乏对城市系统的优化组合。同一尺度的自我更新迭代更适合城市的发展演进,因为层级系统比网络系统更差	对适应性的理解的扩展;循环模型创新	城市系统韧健包括六大内涵:生态协同、共生进化、网络冗余、自发适应、稳中求变和学习转型。提出了韧性城市系统演进("开发—保护—更新—重建")微循环模型
5	韧性城市系统的"强健机制"	以往研究将恢复的快速性视为一项基本特征;所有研究均认为扰动发生后迅速恢复重要	更好的做法是于扰过后迅速重建关键职能,而不是长时间拖延。因恢复并不能保证返回次难前的运行状态总是令人满意的	阈值控制及时间调节上进行了突破;找到城市系统强健机制	韧性城市系统强健模型;韧性城市系统机能曲线;强调阈值区间的学习转型;强健实现机制有两种模型

2. 韧性城市的"目标"

以往观点对于韧性城市的目标往往更加关注均衡：城市韧性被理解为一种受到干扰后返回到"正常"或稳定状态的能力。

但城市韧性的能力不仅是维持基本作用，还在于改善城市与促进城市繁荣。如果原始状态并不是人们所期望的，韧性城市的愿景到底是什么？

笔者创建了一个韧性城市系统RCS（Resilient City System）韧健公式，即$RCS=func.（t, r/V）$，一个城市力图实现的愿景应该是"永续""积极"且"强健"，综合而言，即实现城市的"韧健"。

3. 城市系统韧力"实现途径"

以往观点认为城市系统韧力的实现途径包括：坚持和适应。坚持反映出一项工程原则，即系统应抵抗住干扰（也就是说，建筑足够坚固，能够抵御风暴）以及试图保持现状。虽然保留功能是大部分定义的一个重要组成部分，但许多定义同样也提到递增地适应的能力。

所以，大部分城市韧性研究认为城市系统强健应该专注于坚持和适应，而且都没有将相关变量与城市强健联系起来。

笔者认为城市韧力的实现需要三个阶段（即坚持、适应和转型，PAT三阶段），重点在转型学习阶段。特别是当系统处于一个稳定而不为人所期望的状态时，尝试建立恢复系统的目的可能在于有目的地从根本上改变其结构。同时笔者提出城市发展韧力指数（$CDRI=r=P·A·T$）应该包括这三大变量：P——坚持力、A——调适力和T——转型力。

4. 城市系统的"强健机制"

关于韧性城市系统发展活动的时间尺度，以往研究将恢复的快速性视为一项基本特征。时间的重要性通常取决于将重心放在快速发生的扰动（急性冲击）上，还是放在更加缓慢发展的扰动（慢性压力）上。所有研究均认为扰动发生后迅速恢复更重要。

很明显，更好的做法是干扰过后迅速重建关键职能，而不是长时间推延。举例来说，在通信和能源系统中，灾后重建的速度直接影响受害程度、广度和时长。然而，提高灾后重建速度并不能保证返回到灾难前的运行状态总是令人满意的。

因此，笔者在阈值控制及时间调节上进行了突破，构建了韧性城市系统强健模型，包括韧性城市系统机能曲线（图7-3）和城市系统韧力损失公式。从机能曲线图中可以看出：受到干扰后恢复或转型的速度至关重要；强调阈值区间的学习转型能大大减少以后应对扰动和冲击的恢复时间；由于城市长期在非均衡状态中运行，恢复速度既包括快速恢复到扰动前状态，也包括快速进化成一个新的运行状态；强健实现机制有两种模型——"压力释放"模型和"能力提升"模型。

9.1.3 创建了城市系统韧健评价方法和强健策略体系

1. 市系统韧健评价方法

本书将改进的德尔菲法（Delphi）、层次分析法（Analytic Hierarchy Process，简称AHP法）、模糊综合计算法（Fuzzy Comprehensive Evaluating，简称FCE法）分别用于城市系统韧健评价的相应步骤，形成Delphi-AHP-FCE综合集成模糊评价法。

本书创建了由目标层、准则层和因子层三个层次构成的城市系统韧健评价体系（City System Resiliencyness Assessment，CSRRA），并运用AHP法确定了各层级因子的权重，CSRRA为城市系统韧健水平评价提供了一个系统的评价框架。

2. 城市系统强健策略体系

笔者结合系统论的系统环境、系统结构和系统要素形成城市扰动问题的三个方面内容，进而构建韧性城市系统韧健的基本理论框架。韧性城市系统划分三大组成方面：即韧性城市系统环境、韧性城市系统结构和韧性城市系统要素。

韧性城市系统分析框架的构建，目的在于如何从韧健的角度将城市系统进行拆分解析，找到与韧健有关的韧健因子，并找出因子之间的内在相互关系和内涵，将大问题分解成小问题，找出存在的问题主要在哪里，从而为进一步寻找韧性城市系统的强健途径奠定基础。

将解决城市扰动冲击问题的还原论与整体论两种方法论加以综合和扬弃，超越还原论，发展整体论，运用系统论来认识城市安全问题，是本书韧性城市系统理论研究的哲学理论基础。城市系统和城市扰动之间存在复杂适应性关系，城市系统有着充分的韧性。运用隐喻的手法借鉴中医"辩证施治"的方法将韧性城市适应系统的韧性提升机制进行分析，得出"压力释放"和"能力提升"两大韧性提升机制。

由此建立了韧性城市系统的概念模型$RCS=func.$（t，r/V），这个模型扩展后，可以得出韧性城市系统六大核心要素：R，t，V，P，A和T。

笔者依据以上六大要素对韧性城市系统的内涵解读，发展其基本内涵和CAS元素及其功能存在着相关性，尤其是与韧性思维和辩证唯物主义哲学思想有异曲同工之妙。

城市系统韧力的实现需要经过坚持、适应和转型三个阶段。

如何实现城市系统韧健（非均衡、积极和永续）这一目标，笔者从$RCS=func.$（t，r/V）基础模型扩展到强健模型$RRCS = \dfrac{r}{t \cdot V} = \dfrac{P \cdot A \cdot T}{t \cdot V}$，并绘制出城市系统韧力损失量化概念图，由此从图示语言分析韧性城市系统强健的五大途径：减少外部扰动概率（t）、降低城市脆弱性（V）、提高坚持/抵抗力（P）、提高调适/恢复力（A）和提高转型/学习力（T），同时也可更具体地提出五个方面八个领域的策略：t（经济环境、社会环境、生态环境）、V（空间格局、组织架构）、P（应扰政策）、A（适应设施）、T（提升行动）。

9.1.4 提出了韧健观下我国城市发展与规划的新思考

在构建韧性城市系统理论的基础上，提出了城市发展理念的更新，即在系统演化的他组织、发展条件的确定性、发展轨迹的连续性、发展状态的均衡性和发展结果的可预见性的基础上，融入自组织、不确定性、非连续性、非均衡性和不可预见性等新的城市发展理念，新旧城市发展理念应共生共存、兼容并包，新的城市发展理念是对传统城市发展理念的补充、超越和发展（表9-2）

韧健观下的城市发展理念新思考   表9-2

城市发展		传统城市发展理念		城市发展理念新思考[*]
系统演化	他组织	城市系统的运行主要依靠城市规划等的他组织力量完成，他组织可完全控制系统内部的自组织变量	自组织	城市系统的运行遵循自发的隐秩序，城市系统自身具有自组织、自适应和自我学习能力

续表

城市发展		传统城市发展理念		城市发展理念新思考*
发展条件	确定性	城市发展有着相对稳定的规律，城市发展的条件都能用科学方法与工具去认知并进行理性的分析及预测	不确定性	城市系统的主体和环境共生进化，城市的发展条件处于不停地循环演进的过程中，充满了不确定性
发展轨迹	连续性	城市的发展是连续的，系统是沿着平滑曲线变化的，其未来的发展趋向同过去和现在的发展趋向必然具有一定的联系	非连续性	城市系统的演进是具有非连续性和复杂性的，不能根据其组成部分及其相互关系的行为规律，加上初始条件来进行演绎式的推导
发展状态	均衡性	城市系统的理想状态是均衡而稳定地发展，追求"最佳状态"这一静态的均衡态	非均衡性	城市系统是恒常变化的，并不存在一个均衡状态，系统的韧性要求适度冗余，过度追求效率与最优化会造成系统韧性的损伤
发展结果	可预见性	城市发展的结果是可预见的，并以可预见性来否定城市发展的突变与生成性	不可预见性	城市系统的发展具有"局部的可预见性"和"整体结果的不可预见性"

*: 本研究对城市发展理念的更新，并不是对传统城市发展理念的完全否定和非此即彼，而是对后者的补充、超越和发展，是对新旧理念的兼容并包。

由此，针对韧健观下的城市规划方法，提出了以下5点新思考：一是规划体系从单向封闭走向复合开放；二是规划路径从唯一确定走向多种可能；三是规划原则从精确刚性走向刚柔相济；四是规划过程从被动控制走向主动应对；五是规划目标从预测未来走向把握变化。新的城市规划方法是对传统城市规划方法的改良和创新（表9-3）。

韧健观下的城市规划方法新思考 表9-3

城市规划		传统城市规划方法		城市规划方法新思考*
规划体系	单向封闭	自上而下单向封闭的规划体系，主要体现的是城市政府对城市未来发展的价值判断，更多的是一种"精英决策"，公众参与流于形式和表面	复合开放	建立多元主体参与、多方价值协调、开放沟通合作的规划机制，形成多向互动、复合开放的规划体系，充分体现多元利益主体的诉求

续表

城市规划		传统城市规划方法		城市规划方法新思考[*]
规划路径	唯一确定	基于城市历史的发展进行预测，在总结过去的基础上，分析现状存在的问题，适当考虑今后可能发生的变化，然后进行规划，给出确定的发展目标和路径	多种可能	将不确定性分析纳入规划的分析框架，用情景分析方法分析多种可能性，有效提升城市规划的适应性，是规划应对城市冲击、提升城市韧性的重要手段
规划原则	精确刚性	以理性预期和刚性约束为规划的基础，规划对未来发展设立相应的明确预期和目标，强调规划的刚性以保证实施	刚柔相济	刚柔并济的规划方法，具备刚性以满足规划实施的需要，同时又具备弹性和灵活性，以应对外部冲击和内部条件的变化，并进行动态调整
规划过程	被动控制	以城市发展的稳定性和连续性为前提，遵从"编制—实施—评估"的单向被动控制的循环体系，规划的实施过程过于机械化和被动	主动应对	主动监测规划环境的变化，主动应对规划条件的变化，积极主动地创造条件实现规划目标，减缓规划的时滞影响
规划目标	预测未来	以一系列的假定条件为基础，在系统环境和结构不变的情况下对发展的未来状态作出定量推算。其战略和蓝图是固定的	把握变化	通过对不确定性的深入分析确定未来环境发展可能出现的状态，并及时调整规划目标及策略，以适应规划环境的变化

[*]：本研究对城市规划方法的创新，并非对传统城市规划方法的完全摒弃，而是提供城市规划转型的创新思路，是对后者的改良和发展。

9.2 主要创新点

9.2.1 理论创新点

剖析了城市扰动和韧性城市系统的关系，将韧性思维和CAS理论融入城市研究中，构建韧性城市系统理论：创建了城市系统韧健公式 $RCS=func.(t, r/V)$ 和城市发展韧力指数 $CDRI=r=P \cdot A \cdot T$；总结了城市系统韧健六大内涵（生态协同、共生进化、网络冗余、自发适应、稳中求变和学习转型）；提出了城市韧力的实现过程（坚持、转变和转型）和表现形式、城市系统强健机制（压力释放和能力提升）及演进模式（开发、保护、更新和重建）。

9.2.2 方法创新点

创建了城市系统韧健评价方法和强健方法：运用改进了的Delphi-AHP-FCE方法，创建了由目标层、准则层和因子层三个层次构成的城市系统韧健评价体系（CSRRA），并运用AHP法确定了各层级因子的权重，为城市系统韧健水平评价提供了一个系统的评价框架；提出了韧性城市系统强健目标，建立了城市系统强健模型，结合城市韧健机能曲线图提出了城市系统强健的五大途径（减少外部扰动概率、降低城市脆弱性、提高坚持/抵抗力、提高调适/恢复力和提高转型/学习力），并由此提出五个方面八个领域的策略，即t（经济环境、社会环境、生态环境）、V（建成环境、组织架构）、P（应扰政策）、A（适应设施）、T（宣传教育）。

9.2.3 应用创新点

本研究基于韧性城市系统理论与强健方法的构建成果，提出城市发展理念在系统演化的他组织、发展条件的确定性、发展轨迹的连续性、发展状态的均衡性和发展结果的可预见性的基础上，融入自组织、不确定性、非连续性、非均衡性和不可预见性等新的发展理念。

由此提出了韧健观指导下的城市规划应向多种可能的规划路径、复合开放的规划体系、主动应对的规划过程、刚柔相济的规划原则、把握变化的规划目标的方向转变。

相较于传统的城市规划，韧健观指导下的城市规划更具系统性、长效性和适应性，也更加尊重城市系统的演变规律。传统城市规划的核心是精英决策，是典型自上而下的全盘控制和格局安排，没有充分考虑城市系统自身的自适应性，以及利益相关者在城市调整过程中所扮演的角色和所要创造的价值。相比之下，基于韧性思想的城市规划则强调系统的复杂适应性及恢复力，通过对规划技术、建设标准等物质层面和社会管治、民众参与等社会层面相结合的系统构建过程，对规划理念、编制方法及设施过程进行创新，全面增强城市系统的结构适应性，从而长效提升城市的整体韧性。

9.3　研究不足与展望

本研究的核心内容是理论性的研究与思考。文中对所涉及的概念基本都进行了再思考和重新界定，对核心的命题进行了深入的探讨和理论框架搭建，形成了相对系统的阶段性理论成果。但是，在量化研究以及案例应用研究方面尚有较多工作需要继续。因而后续研究的重点应在于将初步形成的理论框架进行量化完善，并通过案例应用研究来检验和修正理论框架。具体可以从以下几个方面开展后续研究。

9.3.1　研究深度方面

由于韧性城市系统的研究还处于起步期，以及受到研究时间的限制，笔者在研究过程中对问题进行了必要的简化。通过研究条件的限定和假设，尽管最终保证了理论框架的相对完整性，但实际的解释力受到一定的削弱。在后续研究中，在此框架下，可以增加更多考虑的因素，使本研究结论趋于完善。

由于篇幅和研究重点限制，扰动与城市系统关联的韧健因子未进一步确定具体特征指标。因此，本研究只提出了韧性城市系统韧健评价体系，评价指标有一定的综合性，并不易直接获取结果。下一步研究可以进一步深化评价指标体系，选取特征指标并进行权重和赋值研究，最终对城市的韧健状态进行量化评价。

9.3.2　研究方法方面

关于本书进行的城市扰动和韧性城市系统的关系研究，由于城市扰动类型的庞杂及数据资料的限制，笔者运用了专家问卷法，研究带有一定的主观性，如能取得大量的扰动和冲击案例数据，并对其进行相关分析，研究结果可能会更客观、更具有科学性。另外在本研究的理论框架基础上，未来可结合相关的系统模型在多个方向开展进一步的深化研究。

9.3.3　研究内容方面

对于城市韧性的理论研究，本书侧重的是规范性研究，尚处于理论完善的阶段，实际可推广应用程度还较低。目前的现实情况是，尽管有部分领域和社区通过韧性提升规划取得了较理想的成果，但还未有完全以韧性理论为指导的实际城市规划案例。

基于韧性的城市规划方法研究，本书并未给出一套理想的、完整的城市规划方法体系，而是从韧健观的视角，提供城市发展理念和规划方法的新思路，为城市规划的转型创新提供理论和方法的借鉴。在接下来的研究中可以选择合适的规划案例、在不同空间尺度条件下进行应用探索。同时应该认识到，城市规划一直在随着科学和时代的发展不断发展，并不存在完美的终极范本，也没有公认的固定范式，而是在不同时期有不同的倾向和价值判断，因此，基于韧性的城市规划理论与方法也需要与时俱进地进行研究。

参考文献

[1]   Folke, C. Resilience: The emergence of a perspective for social-ecological systems analyses[J]. Global Environmental Change, 2006, 16 (3): 253–267.

[2]   Folke, C., Carpenter, S., Elmqvist, T., et al. Resilience and sustainable development: Building adaptive capacity ina world of transformations[J]. Ambio, 2002, 31 (5): 437–440.

[3]   Godschalk, D. R. Urban hazard mitigation: Creating resilient cities[J]. Natural Hazards Review, 2003, 4 (3): 136–143.

[4]   Gunderson, L. H. Ecological resilience——In theory and application[J]. Annual Review of Ecological Systems, 2000 (31): 425–439.

[5]   Holling, C. S. Resilience and stability of ecological systems[J]. Annual Review of Ecology and Systematics, 1973 (4): 1–23.

[6]   Holling, C. S. Engineering resilience versus ecological resilience[M]// P.Schulze. Engineering within ecological constraints. Washington, D.C.: The National Academies Press, 1996: 31–43.

[7]   Jacobs, J. The death and life of great American cities[M]. New York: Vintage, 1961.

[8]   Klein, R. J. T., Nicholls, R. J., Thomalla, F. Resilience to natural hazards: How useful is this concept? [J]. Environmental Hazards, 2003, 5 (1): 35–45.

[9]   Lawrence J. Vale, Thomas J. Campanella. The Resilient City: How Modern Cities Recover from Disaster[J]. Journal of Historical Geography, 2007, 33 (2): 458–459.

[10] Leichenko, R. Climate change and urban resilience[J]. Current Opinion in Environmental Sustainability, 2011, 3 (3): 164–168.

[11] McHarg, I. Design with nature[M]. Garden City, NJ: Wiley-Blackwell, 1995.

[12] McLellan, B., Zhang, Q., Farzaneh, H., et al.Resilience, sustainability and risk management: A focus on energy[J]. Challenges, 2012, 3 (2): 153–182.

[13] Newman, P., Beatley, T., Boyer, H. Resilient cities: Responding to peak oil and climate change[M]. Washington, D.C.: Island Press, 2009.

[14] Pearson, L. J., Pearson, C. Adaptation and transformation for resilient and sustainable cities[M]// L. J. Pearson, P. W. Newman, P. Roberts. Resilient sustainable cities: A future. New York: Routledge, 2014: 242–248.

[15] Pickett, S. T. A., Cadenasso, M. L., Grove, J. M. Resilient cities: Meaning, models, and metaphor for integrating the ecological, socio-economic, and planning realms[J]. Landscape and Urban Planning, 2004, 69 (4): 369–384.

[16] Pierce, J. C., Budd, W. W., Lovrich, N. P. Resilience and sustainability in US urban areas[J]. Environmental Politics, 2011, 20 (4): 566–584.

[17] Resilience Alliance. Urban resilience research prospectus. Canberra, Australia; Phoenix, USA; Stockholm, Sweden, 2007.

[18] Serre, D., Barroca, B. Preface "Natural hazard resilient cities" [J]. Natural Hazards and Earth System Science, 2013, 13 (10): 2675–2678.

[19] Vale, L. J. The politics of resilient cities: Whose resilience and whose city?[J]. Building Research & Information, 2014, 42 (2): 37–41.

[20] Wamsler, C., Brink, E., Rivera, C. Planning for climate change in urban areas: From theory to practice[J]. Journal of Cleaner Production, 2013, 50 (1): 68–81.

[21] Chen Zhi duan, Chen Hong. Resilient Planning: Building Resilient Cities[C]. Joint AESOP/ACSP Congress, 2013.

[22] Zhiduan Chen, Hong Chen. Resilient Planning: Building Resilient Cities[C]. The 5th Joint AESOP-ACSP Congress, Dublin, Ireland, 2013.

[23] Hong Chen, Hanqing Zhang. Evolution of Urban Spatial Structure: A Safety Perspective[C]. Proceedings of the City Issues · Tongji International Symposium City & Real Estate Risk Management, 2010.

[24] 约翰·弗里德曼. 关于规划与复杂性的反思[J]. 童明，译. 城市规划学刊，2017（3）：56–61.

[25] 仇保兴. 复杂科学与城市的生态化、人性化改造[J]. 城市规划学刊,
     2010（1）: 5-13.

[26] 仇保兴. "共生"理念与生态城市[J]. 城市规划, 2013, 37（9）:
     9-16+50.

[27] 吴志强, 李德华. 城市规划原理（第四版）[M]. 北京: 中国建筑工业
     出版社, 2010.

[28] 沈清基. 城市生态系统与城市经济系统的关系[J]. 规划师, 2001, 17
     （1）: 17-21.

[29] 周干峙. 城市及其区域——一个开放的特殊复杂的巨系统[J]. 城市规
     划, 1997（2）: 4-7.

[30] 黄欣荣. 复杂性科学与哲学[M]. 北京: 中央编译出版社, 2007.

[31] 戴维·R·戈德沙尔克. 城市减灾: 创建韧性城市[J]. 许婵, 译. 国
     际城市规划, 2015, 30（2）: 22-29.

[32] 周利敏. 韧性城市: 风险治理及指标建构——兼论国际案例[J]. 北京
     行政学院学报, 2016（2）: 13-20.

[33] 西亚姆巴巴拉·伯纳德·曼耶纳. 韧性概念的重新审视[J]. 张益章,
     刘海龙, 译. 国际城市规划, 2015, 30（2）: 13-21.

[34] 陶倩, 徐福缘. 基于机制的复杂适应系统建模[J]. 计算机应用研究,
     2008, 25（5）: 1396-1399.

[35] 李健. 我国当下城市防灾应急管理体系的突出问题与完善提升——
     兼论国际城市的高品质治理经验[J]. 上海城市管理, 2016, 25（3）:
     25-30.

[36] 林文棋, 武廷海. 变化·规划·情景——变化背景中的空间规划思维
     与方法[M]. 北京: 清华大学出版社, 2013.

[37] 李亚, 翟国方, 顾福妹. 城市基础设施韧性的定量评估方法研究综述[J].
     城市发展研究, 2016, 23（6）: 113-122.

[38] 王祥荣, 谢玉静, 徐艺扬, 等. 气候变化与韧性城市发展对策研究[J].
     上海城市规划, 2016（1）: 26-31.

[39] 柯善北. 融合并进 增强城市韧性《关于印发城市适应气候变化行动方
     案的通知》解读[J]. 中华建设, 2016（4）: 24-27.

[40] 翟国方，崔功豪，谢映霞，等. 风险社会与弹性城市[J]. 城市规划，2015，39（12）：107-112.

[41] 杨敏行，黄波，崔翀，等. 基于韧性城市理论的灾害防治研究回顾与展望[J]. 城市规划学刊，2016（1）：48-55.

[42] 朱迪斯·罗丹. 新百年的城市韧性[J]. 冯雪，译. 英语文摘，2013（8）：55-58.

[43] 周利敏. 离灾、生态保育与永续社区发展[J]. 大连理工大学学报（社会科学版），2016，37（1）：97-103.

[44] 黄晓军，黄馨. 弹性城市及其规划框架初探[J]. 城市规划，2015，39（2）：50-56.

[45] 麦贤敏. 城市规划决策中不确定性的认知与应对[M]. 南京：东南大学出版社，2011.

[46] 邵亦文，徐江. 城市韧性：基于国际文献综述的概念解析[J]. 国际城市规划，2015，30（2）：48-54.

[47] 景天奕，黄春晓. 西方弹性城市指标体系的研究及对我国的启示[J]. 现代城市研究，2016（4）：53-59.

[48] 张翰卿. "安全城市"规划理论和方法研究[D]. 上海：同济大学，2008.

[49] 田井涛. 城市系统发展模式的复杂性理论与应用[D]. 天津：天津大学，2009.

[50] 约翰·H. 霍兰. 隐秩序——适应性造就复杂性[M]. 周晓牧，韩晖，译. 陈禹，方美琪，校. 上海：上海科技教育出版社，2019.

[51] 何江. 城市风险与治理研究——以中国为例[D]. 北京：中央民族大学，2010.

[52] 罗跃，段炼. 城市规划语境下城市自组织及其系统探讨[J]. 现代城市研究，2010，25（8）：56-61.

[53] 侯汉坡，刘春成，孙梦水. 城市系统理论：基于复杂适应系统的认识[J]. 管理世界，2013（5）：182-183.

[54] 欧阳虹彬，叶强. 弹性城市理论演化述评：概念、脉络与趋势[J]. 城市规划，2016，40（3）：34-42.

[55] 任娟. 关于复杂适应系统理论的城市规划的几点思考[J]. 黑龙江科技信息, 2016（30）: 272.

[56] 陈婷. 基于CAS理论的生态城市系统模型研究[D]. 重庆: 重庆大学, 2011.

[57] 孙小涛, 徐建刚, 张翔, 等. 基于复杂适应系统理论的城市规划[J]. 生态学报, 2016, 36（2）: 463-471.

[58] 焦胜. 基于复杂性理论的城市生态规划研究的理论与方法[D]. 长沙: 湖南大学, 2005.

[59] 郭瑞兰. 情景规划在新兴技术战略制定中的应用[D]. 成都: 电子科技大学, 2007.

[60] 刘堃. 社会主义市场经济背景下韧性规划思想的显现与理论建构——基于深圳市城市规划实践（1979—2011）[J]. 城市规划, 2014, 38（11）: 59-64.

[61] 范一大. 我国灾害风险管理的未来挑战——解读《2015—2030年仙台减轻灾害风险框架》[J]. 中国减灾, 2015（4）: 18-21.

[62] 史培军. 仙台框架: 未来15年世界减灾指导性文件[J]. 中国减灾, 2015（4）: 30-33.

[62] 杨保军, 陈鹏. 新常态下城市规划的传承与变革[J]. 城市规划, 2015, 39（11）: 9-15.

[64] 李彤玥, 牛品一, 顾朝林. 弹性城市研究框架综述[J]. 城市规划学刊, 2014（5）: 23-31.

[65] 李超楠. 面向绿色基础设施的城市规划弹性研究[D]. 大连: 大连理工大学, 2014.

[66] 徐江, 邵亦文. 韧性城市: 应对城市危机的新思路[J]. 国际城市规划, 2015（2）: 1-3.

[67] 郑艳. 适应型城市: 将适应气候变化与气候风险管理纳入城市规划[J]. 城市发展研究, 2012, 19（1）: 47-51.

[68] 刘丹, 华晨. 弹性概念的演化及对城市规划创新的启示[J]. 城市发展研究, 2014, 21（11）: 111-117.

[69] 石婷婷. 从综合防灾到韧性城市: 新常态下上海城市安全的战略构想

[J]. 上海城市规划，2016（1）：13–18.

[70] 吴浩田，翟国方. 韧性城市规划理论与方法及其在我国的应用——以合肥市市政设施韧性提升规划为例[J]. 上海城市规划，2016（1）：19–25.

[71] 刘丹，华晨. 气候弹性城市和规划研究进展[J]. 南方建筑2016（1）：108–114.

[72] 尼尔·G·柯克伍德. 弹性城市：印度孟买的索引[J]. 刘琼林，译. 风景园林，2016（1）：16–27.

[73] 邓位，于一平. 英国弹性城市：实现防洪长期战略规划[J]. 风景园林，2016（1）：39–44.

[74] 盛科荣，王海. 城市规划的弹性工作方法研究[J]. 重庆建筑大学学报，2006，28（1）：4–7.

[75] 廖桂贤，林贺佳，汪洋. 城市韧性承洪理论——另一种规划实践的基础[J]. 国际城市规划，2015，30（2）：36–47.

[76] 托马斯·J·坎帕内拉. 城市韧性与新奥尔良的复兴[J]. 罗震东，周洋岑，译. 国际城市规划，2015，30（2）：30–35.

[77] 杰克·埃亨. 从安全防御到安全无忧：新城市世界的可持续性和韧性[J]. 秦越，刘海龙，译. 国际城市规划，2015，30（2）：4–7.

[78] BOYD E. 为了城市韧性的气候变化适应性治理[J]. 城市规划学刊，2015（3）：125.

[79] 唐燕，吴唯佳. 探索弹性多元的我国城市设计制度建设途径[J]. 现代城市研究，2009（1）：20–26.

[80] 杰克·埃亨. 人类世城市生态系统：其概念、定义和支持城市可持续性和弹性的策略[J]. 景观设计学，2016，4（1）：10–21.

[81] 郭小东，苏经宇，王志涛. 韧性理论视角下的城市安全减灾[J]. 上海城市规划，2016（1）：41–44+71.

[82] 汤姆·维尔伯斯. 自适应城市：城市变化、弹性及一个通向特色都市主义的轨道[J]. 李雪凝，译. 世界建筑，2013（9）：101–105.

[83] Stephen Mahin. 近期地震教训：建立更多可恢复性城市[J]. 建筑结构，2012（S1）：1–8.

[84] 马克·琼斯. 伦敦城市弹性——全球城市的适应性治理[J]. 上海城市规划, 2013（6）: 3.

[85] 徐伟, 曾庆林. 浅谈城市规划的弹性[J]. 黑河科技, 2002（1）: 1–2.

[86] 乔天璐. 应对极端天气城市基础设施弹性能力测度研究[J]. 智能建筑与城市信息, 2016（3）: 62–66.

[87] 刘丹. 建设弹性城市: 城市发展阈值阶段的规划新思维[C]//中国城市规划学会. 新常态: 传承与变革——2015中国城市规划年会论文集. 北京: 中国建筑工业出版社, 2015: 1–11.

[88] 陈志端. 新型城镇化背景下的绿色生态城市发展[J]. 城市发展研究, 2015, 22（2）: 1–6+19.

[89] 王云, 陈美玲, 陈志端. 低碳生态城市控制性详细规划的指标体系构建与分析[J]. 城市发展研究, 2014, 21（1）: 46–53.

[90] 陈鸿. 基于安全的城市空间格局优化研究[D]. 上海: 同济大学, 2012.

[91] 葛怡. 洪水灾害的社会脆弱性测度研究——以湖南省长沙地区为例[D]. 北京: 北京师范大学, 2006.

[92] 刘婧, 史培军, 葛怡, 等. 灾害恢复力研究进展综述[J]. 地球科学进展, 2006, 21（2）: 211–218.

[93] 赵运林, 黄璜. 城市安全学[M]. 长沙: 湖南科学技术出版社, 2010.

[94] 沈国明. 城市安全学[M]. 上海: 华东师范大学出版社, 2008.

[95] 张翰卿. 安全城市规划理论与方法研究[D]. 上海: 同济大学, 2008.

[96] 梁世雷, 李岚. 雄安新区生态安全问题及应对策略[J]. 河北学刊, 2017, 37（4）: 148–152.

[97] 陈志端. 基于CAS视角的韧性城市系统理论研究及对我国城市规划的启示[D]. 上海: 同济大学, 2017.

[98] 刘勇, 张煊, 侯全华. 基于弹性城市理论的陕西省小城镇旧城更新探索[C]//中国城市规划学会. 持续发展 理性规划——2017中国城市规划年会论文集. 北京: 中国建筑工业出版社, 2017: 853–861.

[99] 王琳, 陈天. 滨海地区城市水安全弹性分析——以中国112个城市为例[J]. 城市问题, 2017（9）: 39–47.

[100] 陶旭. 生态弹性城市视角下的洪涝适应性景观研究——以武汉湖泊为

例[D]. 武汉：武汉大学，2017.

[101] 张惠. 城市社区灾害弹性及其影响因素研究[D]. 武汉：华中科技大学，2016.

[102] 蒲波. 城市弹性的测度与时空分析——以四川省为例[D]. 成都：西南交通大学，2016.

[103] 刘丹. 弹性城市的规划理念与方法研究[D]. 杭州：浙江大学，2015.

[104] 袁艳华. 山地城市复杂系统生态适应性模型研究——以福建长汀为例[D]. 南京：南京大学，2015.

[105] 林小如. 反脆性大城市地域结构的目标准则和理论模式[D]. 武汉：华中科技大学，2015.

[106] 刘江艳. 基于弹性城市理念的武汉市土地利用结构优化研究[D]. 武汉：华中科技大学，2014.

[107] 刘江艳，曾忠平. 弹性城市评价指标体系构建及其实证研究[J]. 电子政务，2014（3）：82-88.

[108] 王伟. 转型期中国生态安全与治理：基于CAS理论视角的经济学分析框架[D]. 成都：西南财经大学，2012.

[109] 李虹. 中国生态脆弱区的生态贫困与生态资本研究[D]. 成都：西南财经大学，2011.

[110] 王丽，杜江洪. 基于CAS的城市规划建模仿真研究[J]. 科技广场，2007（5）：26-28.